憲法ルネサンス

個性、生きざまから再発見

共同通信社編集委員室編

命より大切な仕事[illegible] 過労[illegible]夫を亡くした寺西笑子さん
離島に迫る再稼働の影 [illegible]から3[illegible] 山[illegible]・平郡島に住む森田修さん
共に生きる勇気得る [illegible]達障害者が[illegible]カフェを運営する金子磨矢子さん
「主権者ばかにするな」 [illegible]便によ[illegible]心低[illegible]飛行に反対する奈須利江さん
しつこく戦争嫌う [illegible]崎で生[illegible]爆2世、平野伸人さん
ルーツ、恥じない子に 在[illegible]外国人[illegible]国語を教えるNPO代表、朴洋幸さん
思いやり社会を再び [illegible]で最[illegible]「[illegible]堂」を始めた近藤博子さん
「知る権利」国が妨害 [illegible]キニ被[illegible]調べ続ける山下正寿さん
「命の重みに順位な[illegible]」 福島で学習支援続けるジェンダー研究者、前川直哉さん
冤罪の理不尽伝[illegible] 被害者の穏やか[illegible]常撮った映画監督、金聖雄さん
景観守るだけ[illegible]ない 鞆の[illegible]で空[illegible]家再生続[illegible]松居秀子さん
表現規制、[illegible]ごせ[illegible]画家、赤松健さん
幼い命[illegible] 赤ちゃ[illegible]ポス[illegible]開設した、蓮田太[illegible]さん
「押し付け」[illegible]で[illegible]市憲法[illegible]案[illegible]つけた色[illegible]、新井勝紘さん
生きる楽しさ知[illegible] 障害者自立生[illegible]追求してきた[illegible]山内美智子さん
丸腰日本、平和築く フィリピンの紛[illegible]地へ派遣されたJICA職員、落合直之さん
ヘイトと闘い続ける 川崎・桜本の在日コリアン3世、崔江以子さん
なくせ貧困、不幸比べ 最低賃金一律1500円を求める藤川里恵さん、橋口昌治さん
平和の理想郷どこに 続く沖縄差別に憤る元裁判官、仲宗根勇さん
権力側から描くな 若松孝二監督の遺志継ぐ三女、尾崎宗子さん
今を精いっぱい 限界集落で挑戦を続ける山中満寿夫さん、三浦由美子さん
闘って正しさ証明 組織に屈しない内部告発者、小川和宏さん
ベテラン弁護士が裁判官に 「権力を補完」と後輩らへ苦言を呈する瀬木比呂志さん
核被害を問い続ける 被爆者救済へ闘う2世弁護士、在間秀和さん
住民支え被害伝える 土呂久鉱害の患者支援に人生懸けた川原一之さん
「人ごとではない」 国内初の加害者家族支援団体を設立した阿部恭子さん
サハリンを忘れない 残留者と心の交流続けるカメラマン、後藤悠樹さん
自ら情報取りに行く 夫婦漫才おしどり・マコさん、ケンさん、原発事故で兼業記者に
図書館の公共性守れ 進む「民営化」、危機訴える元館長、永利和則さん
「生き物の悲鳴聞こえる」 国の根幹は自然、農業と訴える宇根豊さん
イスラム教「テロ宗教ではない」 モスクで広報を担当する下山茂さん
救った命に寄り添う 「医療的ケア児」支える埼玉医大センター長、田村正徳さん
裁判員、国民の権利 刑務所見学続ける経験者、小田篤俊さん
日米外交を切りひらく 市民目線でロビー活動を続ける弁護士、猿田佐世さん
水俣病「終わってない」 支え合う胎児性患者、坂本しのぶさんら
「感謝しながら生きる」 死刑廃止運動で知った法律事務所職員、高田章子さん
言い訳する親にはなりたくない 署名集め辺野古住民投票を実現した宮城康博さん
自死遺族に寄り添う 夫亡くした弁護士、佃祐世さん
オスプレイから守る静かな海 真っすぐ行動、ノリ漁師の古賀初次さん
考えながら学ぶ歴史 子ども側に立った教科書作り、山田麗子さん
考え続ける天皇制 平成の象徴像研究する瀬畑源さん
想像力を働かせよう 憲法の“伝道師”伊藤真さん
立憲主義「国家権力、檻の中に」 大阪、神奈川で憲法カフェ

インパクト出版会

Read me

共同通信社の編集委員室は毎年1月から12月まで、「通年企画」と呼ぶ、週1回計50回の新聞連載を二つ（テーマが国内と国際）配信しています。「憲法ルネサンス」は2017年の国内通年企画です。30を超える新聞に掲載されました。連載には、安倍政権が改憲へ少しずつ歩を進める中、さまざまな個性や生きざまが光るヒューマンストーリーを通して、日本国憲法とその価値を再確認あるいは再発見してもらおうという思いを込めました。個人と国・権力の在り方に言及した回もあります。

16年の夏に構想をまとめ、秋から始めた取材は国内各地にとどまらず、米国やフィリピンなどにも及びました。担当した共同通信社の本社、支社、支局の記者・編集委員、カメラマンは50人近くに上ります。

本書には、連載記事計50本のうち42本と、17年元日用に配信した番外編の記事が収録されています。各記事とも一気に読んでもらえるよう「ライブ感」を意識しました。一方、「history」では、憲法を巡る出来事や憲法を信じて理不尽と闘った人々などを振り返りました。想像力と共感力を働かせて、憲法とその価値について、考えていただければ幸いです。

「憲法ルネサンス」の連載に登場いただいた方々をはじめ、本書の刊行にご尽力いただいたインパクト出版会代表取締役の深田卓さん、タイトルのアイデアをくださった弁護士の岩井信さん、副編集長として連載を支えてくれた同僚の編集委員兼論説委員、由藤庸二郎さん、写真担当の編集委員、堀誠さん、担当記者、カメラマンに深く感謝いたします。

2018年11月

共同通信社編集委員兼論説委員
「憲法ルネサンス」編集長
竹田昌弘

Contents

憲法ルネサンス

個性、生きざまから再発見

1.

命より大切な仕事ない 過労自殺で夫を亡くした 寺西笑子（えみこ）さん

古都の紅葉も終盤の２０１６年12月３日。京都市北区の私立洛星高校で、寺西笑子さん（１９４９年生まれ）が１年生約２２０人に特別授業をした。寺西さんは全国過労死を考える家族の会の代表を務めている。

「夫が49歳で亡くなったとき、私は47歳、長男20歳、次男14歳。皆さんの中には、似たような年齢構成の家の人がいるかもしれません。お父さんをイメージして聞いてください」と切り出し、自らの経験を語り始めた。

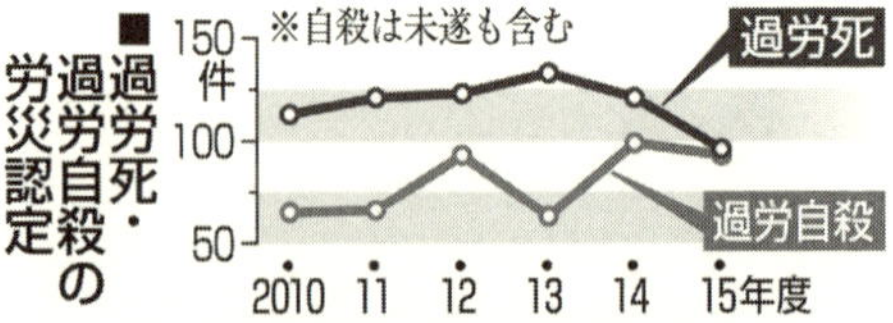

■過労死・過労自殺の労災認定

※自殺は未遂も含む

150件 / 100 / 50

過労死 / 過労自殺

2010 / 11 / 12 / 13 / 14 / 15年度

■過労死を巡る動き

1988年４月	「過労死１１０番」を初めて実施
10月	過労死弁護団全国連絡会議を結成
91年11月	全国過労死を考える家族の会結成
2000年３月	電通社員過労自殺訴訟で会社側の責任を全面的に認める最高裁判決
01年12月	厚生労働省が過労死の新しい認定基準を策定
13年５月	国連社会権規約委員会が過労死や過労自殺の防止対策を勧告
14年６月	過労死防止法が成立

会社謝罪まで10年

1996年2月14日の朝、出勤する夫の彰さんにバレンタインデーのチョコを渡した。いつもなら笑顔を返すのに、元気のない後ろ姿を見送った。翌日の未明、飛び降り自殺を知らされた。

彰さんは当時、和食店の店長。店員が長続きしない上、サポートもなく、いつも人手不足で疲れ果てていた。宴会のセールスまで命じられ、業績が上がらないと、経営会社の社長になじられた。亡くなる直前「眠れない、食べられない」と体調不良を訴えたが、仕事量は変わらなかった。

「遺書がなく、なぜ死んだのかと夫を責め、なぜ救えなかったのかと自分も責めた」。会社側は同僚らに口止めし、平然としていたという。

約1年後、会社を許せない、泣き寝入りでは彰さんが浮かばれないという気持ちが強くなった。息子たちに説明する責任もあると考え「過労死110番」へ相談した。会社を退職した人たちの協力で、彰さんが年間4千時間も働き、うつ病を発症して自殺に追い込まれた経過が明らかになる。

2001年に労災と認定され、さらに裁判で和解し、会社に謝罪させたときには、彰さんの死から10年余りがたっていた。

「夫の無念を思うと、やり切れない。命より大切な仕事はない。長時間労働やパワハラなどがまん延しているので、正しい知識を身につけてほしい」と授業を結んだ。

終了後、駆け寄ってきた数人の中に「いつも父の帰宅が遅い」と打ち明ける生徒がいた。寺西さんは「まず家族で話し合おう」と声を掛けた。

過労死防止法制定へ尽力

京都市伏見区にある寺西さんの自宅2階。仏壇に置かれた彰さんの遺影には、好きだったコーヒーを毎朝供えている。

寺西さんによると、同じ電子部品の工場で働いていたときに知り合い、結婚した。和食店の会社へ転職したのは、彰さんが料理人を志したからだ。当初から帰宅が遅く、心配すると「忙しさが腕を育ててくれる」と言っていたという。

会社と和解後、家族の会の活動として

生徒から質問を受ける寺西笑子さん
＝2016年12月3日、京都市北区の洛星高校
（撮影・井田公雄）

大阪労働局に過労死などで社員が労災認定された企業名公開を求めたが、開示しない。提訴すると一審は公開を命じたものの、二審で敗訴。「企業の顔色を見ているところがある」と考えている。

家族の会の活動は「どうすれば夫が死なずに済んだのかを考えていくために始めた。労災認定や裁判で悔し涙を流す人も多く、その人たちの思いも伝え、報いたいので続けてきた」と明かす。

過労死防止法（過労死等防止対策推進法）はそんな寺西さんの気持ちにかなうものだった。２０１３年10月から半年間にわたり、過労死で長男を亡くした女性たちと一緒に、週末以外は東京に滞在し、国会議員を回って法の必要性を訴えた。「寺西さんは14年の防止法制定になくてはならない人だった。遺族による議員会館回り、ロビー活動が大きかった」と評するのは、弁護士の古川拓さん（１９７６年生まれ）。過労死弁護団全国連絡会議のメンバーで、働くことは「幸福の追求」でもあるとして、過労死対策に力を注ぐ。幸福の追求は憲法13条で国政上最大の尊重が必要とされている。

未来なくすこと

しかし、防止法に基づく初の過労死等防止対策白書が閣議決定された２０１６年10月７日、電通の新入社員、高橋まつりさん＝当時（24）＝の過労自殺が明らかになる。「仕事も人生もとてもつらい。今までありがとう」と母親にメールしていたという。

高橋さんの母親は同年11月９日、厚生労働省主催のシンポジウムで「社員の命を犠牲にして業績を上げる企業が優良企業なのか。娘を突然失った悲しみと絶望は失った者にしか分からない。だから同じことが繰り返される」と涙ぐんだ。

同月29日、日本記者クラブ。母親の代理人を務めた弁護士の川人博さん（１９４９年生まれ）が会見し「かつての経済成長の過程には、長時間労働のシステムがあったかもしれないが、経済成長のない21世紀の長時間労働は有害でしかない」と指摘した。

その有害さを寺西さんは２０１４年５月23日の衆院厚生労働委員会で、次のように表現した。

「若者が過酷な労働環境に追いやられ、優秀な人材を亡くすことは日本の未来をなくすこと」

15年に労災認定された過労死96件、過労自殺93件。未来は大丈夫だろうか。

（竹田昌弘）

《追記》厚生労働省によると、仕事が原因でうつ病などの精神疾患にかかり、２０１７年度に労災と認定されたのは過去最多の５０６件。うち自殺（未遂含む）は98人に上った。過重労働が原因の脳・心臓疾患による労災認定は２５２件で、死亡（過労死）は92人。過労自殺と過労死は計１９０人だった。

History

会社側に過重労働注意義務

電通では1991年、入社2年目の大島一郎さん＝当時（24）＝も過労自殺し、両親が「長時間労働による過労からうつ病になったのが原因」として、同社に損害賠償を求める訴訟を起こした。

最高裁は2000年3月の判決で、労働基準法などに基づき、会社側は「疲労や心理的負荷が過度に蓄積して労働者の心身の健康を損なうことがないよう注意する義務を負う」との解釈を示し、電通の過失を認定。二審が一部認めた大島さん側の落ち度は否定した（審理は賠償額を算定し直すため差し戻し）。

会社側の責任を全面的に認めた初の最高裁判決は、企業の労務管理や労働行政に大きな影響を与えた。

最高裁は過労からうつ病となった東芝社員の訴訟でも、14年3月の判決で病名、通院の申告が遅れたなどの社員側過失を理由とした賠償の減額を認めなかった。

2.

離島に迫る再稼働の影
原発から31キロ、
山口・平郡島に住む森田修さん

山口県柳井市の離島、平郡島（へいぐんとう）。南端の五十谷（いや）海水浴場は、島内では珍しい純白の砂浜だ。波打ち際に立った森田修さん（1950年生まれ）は「あれが長島、上関原発の予定地」と島影の一つを指さす。平郡島から約13キロしかない。

そのまま南を向くとかなたに愛媛県の佐田岬半島。再稼働した四国電力伊方原発の白い建屋が光っている。平郡島は、伊方原発の事故の発生に備える30キロ圏内からわずか1キロ外れる。上関が建設されれば2原発の挟み撃ち。ただでさえ少子高齢化が進む島に、原発政策が影を落とす。

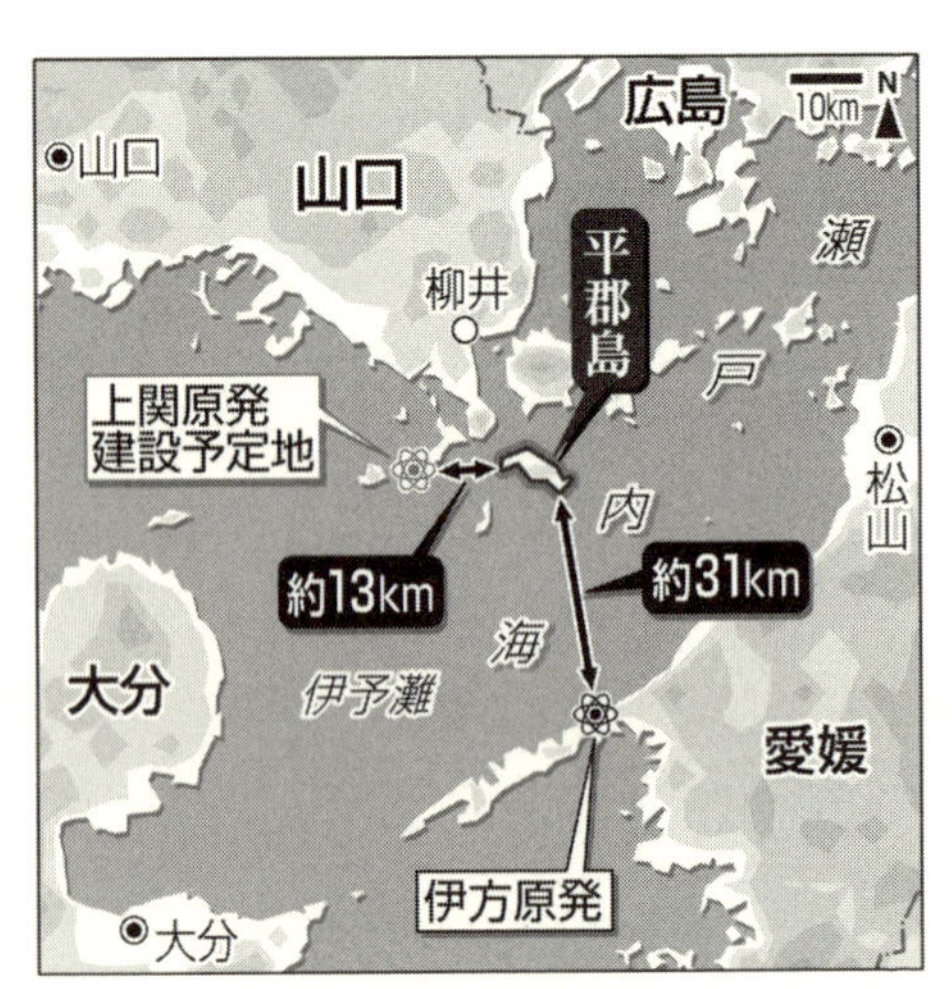

逃げ場なし

東京電力福島第1原発事故を受けて原発の停止が相次いだころ、森田さんが上関原発反対を長年訴えてきたことを知る人から「おまえの勝ちじゃの」と声を掛けられた。原発が止まると感じたらしい。しかし、結局原発廃止は進まず、新基準に基づいて伊方原発は全国で3番目に再稼働。上関原発も、準備工事は中断したものの、建設に必要な埋め立て免許が更新され、予断を許さない。

「離島と原発の関係は特殊ですから」と森田さん。東電原発事故では、40キロ以上離れた住民も避難を余儀なくされた。

現在の島の住民は二つの集落で計約380人。戦後最盛時の約10分の1にすぎないが、島民全員が乗る船は港にはない。伊方原発から島までの31キロに風を遮るものはなく、たとえ救援船が来ても避難先の本土は風下。事実上、逃げ場はない。

森田さんは「長島の自然を守る会（現・上関の自然を守る会）」のメンバーだ。現地の山口県上関町での抗議や選挙の手伝いに足しげく通った。

守る会の趣旨は開発に伴う自然破壊を食い止めること。原発周辺の自然を調査する地道な活動に力を入れ、カンムリウミスズメ、スナメリなど希少生物の生息を明らかにしてきた。

希少種が訴訟原告に

2008年に森田さんも原告に加わって起こした、原発予定地周辺海域の埋め立て免許取り消し訴訟では、こうした生物の名前を原告として訴状に記載した。従来の反原発訴訟のように人格権や人の生存権を問うだけでなく、生き物を代弁して「自然の権利」を主張したのだ。訴えは注目され、抗議活動には全国から多くの支持者が集まった。

山口県岩国市生まれの森田さんが島に移り住んだのは10年ほど前。広島市で塾講師の傍ら、産直運動や子供を連れたサマーキャンプで島に通い「島おこしで何かを始めると、すぐに成果が出る。そういう可能性と

面白さに気付いた」という。

ただ、反原発運動の節目では現地入りして泊まり込むが、平郡島での生活をできるだけ大事にしてきた。島の人を運動に誘うことも慎重に避けてきた。「昔ながらの運動家には軟弱に映るかもしれませんが、島民は原発にさほど危機感はないでしょう。雇用がなくなり、子供もいない。原発どころではない」と話す。「非日常では、運動は一過性になり、続かない。日常生活に侵入してくる原発政策だからこそ、暮らしの中の運動が力になるはずです」

平郡島の海辺を歩く森田修さん
＝2016年10月24日、山口県柳井市
（撮影・堀誠）

少子高齢化と追い掛けっこ

２０１６年の秋も深まったある日、森田さんは家族や仲間とサツマイモを収穫した。温暖で日当たりが良く、戦後、島の斜面一面にミカン畑が広がったが、価格の暴落で山は荒れ、畑があったことも分からない。仕事がなくなり、人も出ていった。新たな産品として近年、サツマイモに力を入れている。絡み合うつるを手ではがし、耕運機に似た農機具を畑に入れると、丸々としたイモが転がり出た。

一緒にイモを掘った平郡島おこし推進協議会の仲間と、サツマイモ栽培と加工利用による島おこしを進めている。本土メーカーにつくってもらった芋焼酎「平郡」は5年目の17年、２７００本を売り切った。市内企業の仲介で、大手菓子メーカーにサツマイモチップスも試作してもらった。

ミカン畑の荒れ地を牧場に変え、子牛の繁殖を手掛ける元気な仲間も。サツマイモのつるは、干せば牛の良い餌になり、新しい試みが好循環を生みつつある。「観光やイベントで人を集めるより、1次産業がしっかりすれば暮らしていける」。森田さんはそう信じている。

ただ、そうした努力も、少子高齢化と追い掛けっこだ。フェリーは日に2往復。子供連れ一家がIターンして小学校は復活したが、集落で1人の中学生は午前6時の便で本土へ通う。子供たちは島に残ってくれるか。そして原発が、移住者確保に影響しないのか。森田さんの懸念は募る。

「東電事故で安全に絶対はないと確信した。新規立地の可否もはっきりせず、上関も油断できない。（工事が）動いていない今こそ外堀を埋めて、計画をつぶしたい」と表情を険しくした。

（由藤庸二郎）

History

原発差し止め判断5件、全て覆される

原発の周辺住民が設置許可の取り消しや運転差し止めなどを求めた訴訟では、「(司法審査は)行政庁の判断に不合理な点があるか否かという観点から行う」という判断の枠組みが踏襲されている。最高裁が1992年、四国電力伊方原発1号機訴訟の判決で示した。

司法審査の対象が限定され、住民側敗訴が相次ぐ中、2006年以降の①北陸電力志賀原発2号機訴訟の金沢地裁判決、②関西電力大飯原発3、4号機訴訟の福井地裁判決、③同高浜原発3、4号機仮処分の福井地裁決定、④高浜3、4号機仮処分の大津地裁決定—の4件は運転を差し止めた(①と③はその後住民側敗訴)。

②では、日本の法制下で人格権を超える価値は見いだせず、生命を守り生活を維持する利益は人格権の根幹とした上で、原発の運転によって、それが侵害される具体的な危険があると判断した。

《追記》②は名古屋高裁金沢支部の控訴審で、住民側が敗訴した。④も大阪高裁の即時抗告審で取り消された。一方、四国電力伊方原発3号機(愛媛県伊方町)の周辺住民が運転差し止めを求めた仮処分の即時抗告審決定で、広島高裁は2017年12月、熊本県の阿蘇カルデラで大規模噴火が起きた際、約130㌔の距離にある原発に火砕流が到達する可能性が小さいとはいえず、立地に適さないとして、運転を差し止めた。高裁段階では、初の原発差し止め判断。しかし、四国電力の異議を受けた広島高裁の別の裁判官たちが18年9月、差し止め決定を取り消した。

3.

共に生きる勇気得る 発達障害者が集うカフェを運営する 金子磨矢子（まやこ）さん

東京都練馬区に立つ築150年の古民家「けやきの森の季楽堂」。2016年12月4日、ここを貸し切って引きこもりの当事者や家族、支援者たちが対話する集まり「庵（IORI）」が開かれた。

約80人の参加者が六つほどのグループに分かれる。「発達紹介」という案内書きのある机を囲んだ人たちは、金子磨矢子さん（1953年生まれ）の話に耳を傾けた。

「私も発達障害だが、生まれながらの個性であり、悪いものではない。早めに見つけ、親が理解して伸び伸び育てよう。ノーベル賞を取った人もいると言われている」

発達障害の各症状（厚生労働省の資料から）

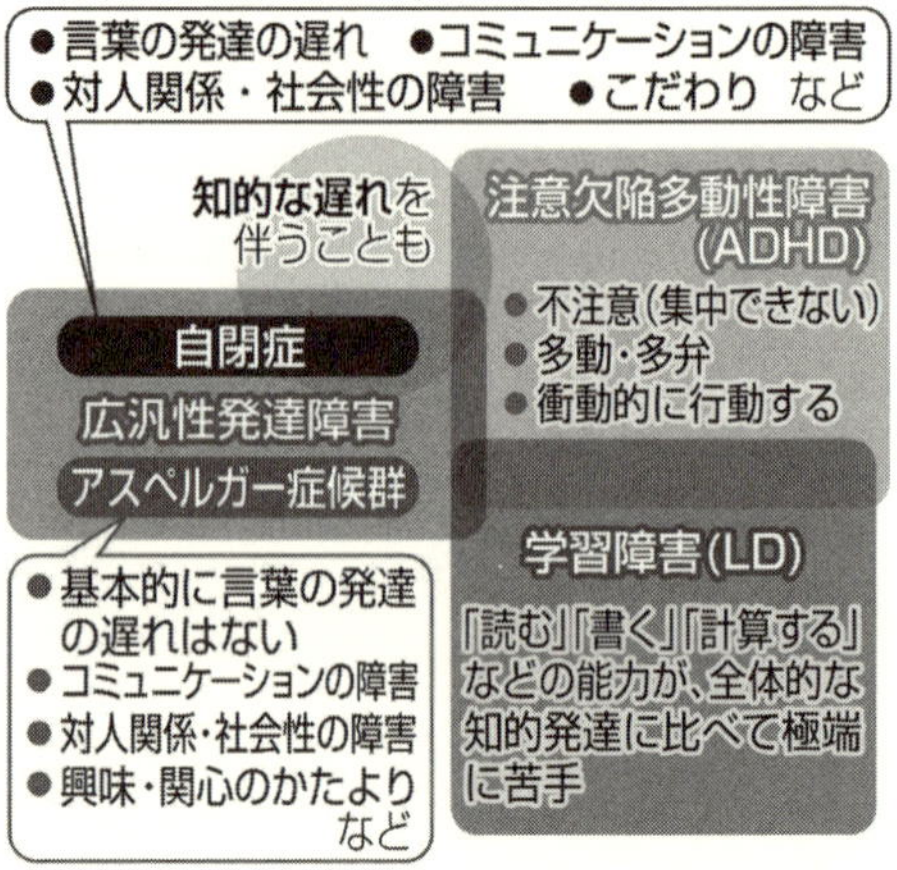

●言葉の発達の遅れ　●コミュニケーションの障害
●対人関係・社会性の障害　●こだわり　など

知的な遅れを伴うことも

自閉症
広汎性発達障害
アスペルガー症候群

●基本的に言葉の発達の遅れはない
●コミュニケーションの障害
●対人関係・社会性の障害
●興味・関心のかたより
など

注意欠陥多動性障害（ADHD）
●不注意（集中できない）
●多動・多弁
●衝動的に行動する

学習障害（LD）
「読む」「書く」「計算する」などの能力が、全体的な知的発達に比べて極端に苦手

うれしい発見

やがて聞いていた人たちが自分のことを打ち明け、金子さんが応じる。

A子さん「どうして人と違うのか、子どものころから悩んできた」

金子さん「つらかったよね。私も物は片付けられないし、時間が管理できず、遅刻ばかり」

B男さん「広汎性発達障害だが、薬は副作用ばかりで効かない」

金子さん「ほぼ遺伝なので薬では治らない」

C子さん「鉛筆の並べ方からこだわってしまい、適当にやれない」

金子さん「楽になるには開き直るしかない」

D男さん「聴覚過敏がとてもきつい」

金子さん「耳が良すぎるのね。視覚過敏や臭覚過敏の人もいる」

そして「いろいろな人がいることをみんなが理解すれば平和なのにね」「生活していくのは大変だけど、そんなものだと思ってやっていくしかないよ」と金子さんはこの日の話を結んだ。

彼女が自分は発達障害ではないかと気付いたのは１９９７年。発達障害の一つ注意欠陥多動性障害（ＡＤＨＤ）を解説した書籍「のび太・ジャイアン症候群」（司馬理英子さん著）に出会い、書かれている症状が自分にほとんど当てはまったからだ。

同書によれば、ＡＤＨＤには「ドラえもん」に出てくるジャイアンのように活動的（多動）なタイプや不注意が多い「のび太型」があるという。

「他人と違うのは努力が足りないからで、駄目な人間だと思っていた。それが生まれつきの脳の機能障害とは、うれしい発見だった。のび太型だと思ったが、広汎性発達障害と診断された」

「ネッコ」誕生

金子さんは、発達障害と関わることが生活の中心となっていく。

まず自閉症の協会に入ると、当事者の体験談を多く聞けた。「親に配慮してもらいたかった」と振り返る人がいた。

成人の当事者の会が生まれ、２００６年に新宿御苑へピクニックに行ったときのことをよく覚えている。昼食時は名前を言うのがやっとだった男性がしばらく

「発達紹介」の机で参加者に語り掛ける金子磨矢子さん
＝2016年12月4日、東京都練馬区（撮影・牧野俊樹）

すると、お笑い芸人のものまねをして、みんな大笑いした。

会員制交流サイト（SNS）のオフ会では「発達障害者あるある話」で盛り上がった。

ただ金子さんは、ファミリーレストランや公民館などで開く会では、話し込んだり活動を広げたりするには、限界があると考えるようになった。

10年に知人から「千葉県で精神障害を持つ人や家族が集まるカフェを開いた」と聞き、発達障害者が集える居場所づくりを決意。しかし、不動産業者が取り合ってくれず、物件の仲介を軒並み断られた。

ネットで偶然見つけた東京都新

宿区西早稲田の「事務所店舗可」というビル2階の物件を問い合わせると、業者は「応援する」と言い、大家も理解を示してくれた。

こうして11年9月に誕生した「ネッコカフェ」には、全国から発達障害の当事者や家族らが訪れている。年末年始以外は年中無休。スタッフも全員発達障害者で、正午〜午後6時はコーヒーやハーブティーなどを出すカフェ、同6〜10時はフリースペースとなる。

カフェに来ていた20代の女性は「人と話せるから」と訪れる理由を話した。ここで開かれる勉強会や交流会、フラワーアレンジメントの教室なども楽しみという。

当事者の声もっと

引きこもりや発達障害に詳しいジャーナリストの池上正樹さん（1962年生まれ）は「引きこもりの人をネッコカフェへ連れて行くと『居心地がいい』と言っていた。生きづらさを抱えた人たちが出会い、励まされ、話し合う中で共に生きていくことへの勇気を得ている」

発達障害者の居場所
「ネッコカフェ」に集う人たち
＝2016年11月30日、東京都新宿区
（撮影・藤井保政）

とみる。

金子さんも制定に向けてロビー活動に加わった発達障害者支援法が昨年改正され、子どもから大人まで切れ目なく、憲法が保障する「基本的人権を享有する個人としての尊厳」にふさわしい生活を送れるよう支援することが目的に掲げられた。

「改正で大人の発達障害にも着目し、やっと生存権が認められた感じ。もっともっと当事者の声を聞いてほしい」と金子さん。「発達障害者を排除しない社会は、全ての人に優しい社会になるはずだ」と信じている。

（竹田昌弘）

History

支援法に「個人の尊厳」明記

発達障害を早期に発見し、学校教育や就労でサポートすることなどを定めた議員立法の発達障害者支援法は2004年に成立、翌年施行された。

しかし、仕事や生活で偏見や誤解に基づく「社会的障壁」があり、裁判員裁判で「社会に受け皿がない」などとして、アスペルガー症候群の殺人罪の被告に求刑を4年上回る懲役20年が宣告されたこともあった（12年7月の大阪地裁判決、二審で破棄、懲役14年確定）。

16年5月に成立した改正法は「基本的人権」や「個人の尊厳」といった憲法の価値を明記。雇用の安定や地方自治体による情報提供、助言など切れ目のない支援を規定し、社会的障壁を取り除くことを目指している。

昨秋には、モデルの栗原類さん（1994年生まれ）が自分の経験を役立ててと「発達障害の僕が輝ける場所をみつけられた理由」と題する著書を刊行し、話題となった。

4.

「主権者ばかにするな」
羽田増便による都心低空飛行に反対する
奈須利江さん

東京都大田区のＪＲ蒲田駅西口。日曜日のにぎわいが続く２０１６年12月11日夕、無所属の大田区議、奈須利江さん（１９６１年生まれ）がマイクを手に呼び掛けた。

「羽田空港では、航空機は海から着陸して海へ向かって飛ぶが、国は陸から着陸して陸へ飛ばそうとしている。都心上空の低空飛行は危険で騒音も大きい。着陸時に車輪を出したとき、部品や上空で凍った氷の塊が落ちてくるかもしれない」

奈須さんたちが問題点を書いたチラシを差し出すと、羽田の地元だけに受け取る人も多かった。

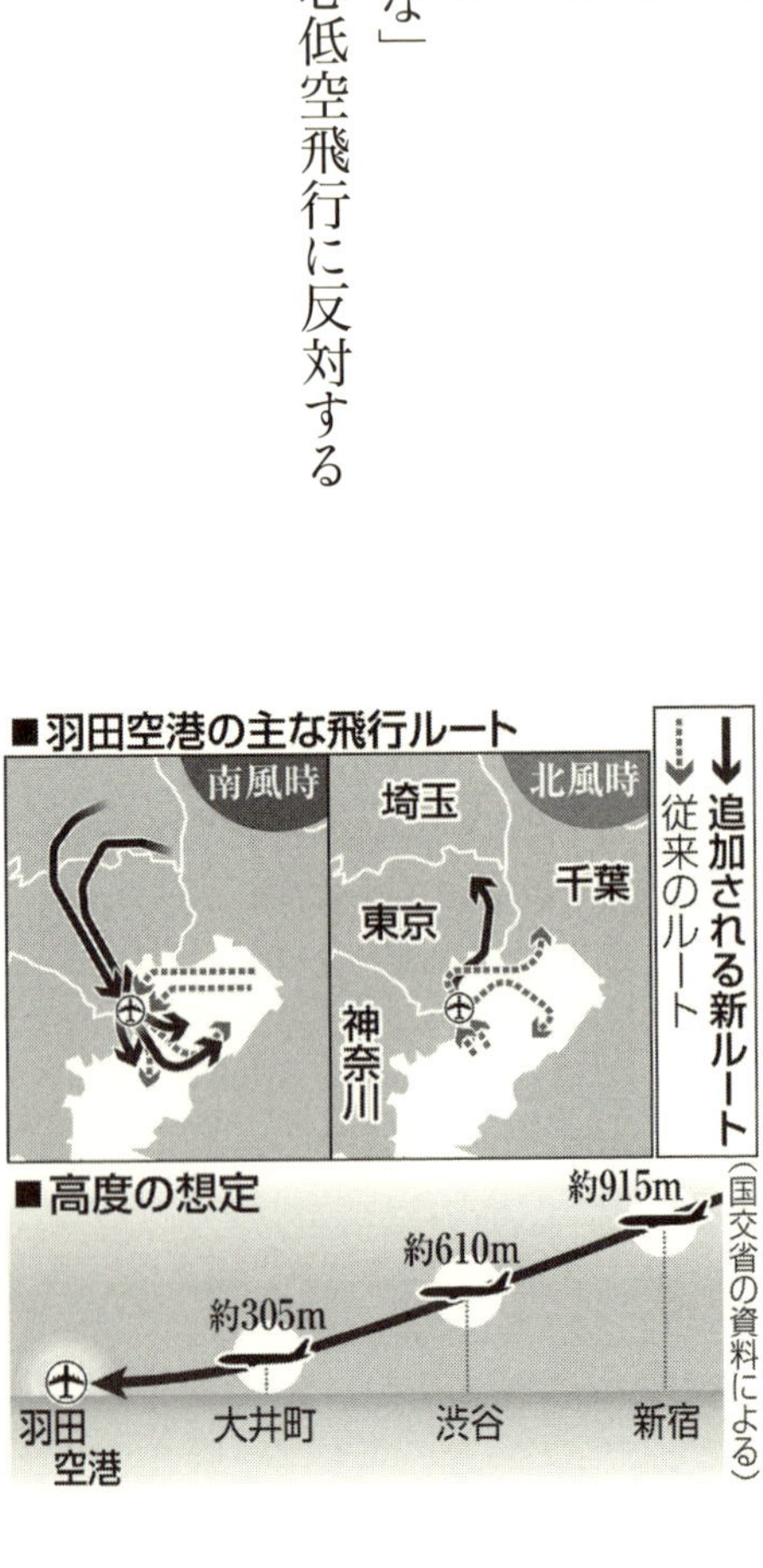

1時間に44機

国土交通省が国際線増便のため、都心上空を飛ぶ新ルート導入を公表したのは2014年6月。

国交省によると、新ルートは風向きによって二通りあり、南風時は午後3〜7時、埼玉県から東京都心を飛んで1時間に44機程度が着陸し、川崎方向へ20機程度が離陸する。航空機の高度は新宿915メートル、渋谷610メートル、大井町（品川区）305メートルで、騒音は大井町で76〜80デシベル（都によると、窓を開けた地下鉄車内並み）と想定している。

北風時は午前7〜11時半と午後3〜7時、荒川などへ向けて出発する。便数は需要次第という。

国交省の担当者は「新ルートに法改正は必要なく、航空法による措置で可能。ニューヨークやロンドン、大阪も上空を飛んでいる」と話す。

国交省は20年東京五輪・パラリンピックまでの導入を目指し、各地で住民説明会を開いているが、新ルートを解説したパネルなどを来場者に見せ、疑問があれば、職員に尋ねる「オープンハウス型」ばかりだ。

17年1月14日、大田区役所でもこの説明会があり、区によると、74人が訪れた。

「空港近くの東糀谷の住人だが、増便で人や車なども増える。別の空港を活用できないか」と質問した女性がいたが、対応した職員の中には、東糀谷の地名を知らない人もいた。

10年で落下物21件

3日後の大田区議会羽田空港対策特別委員会。

奈須さんが「国交省の職員も少なく、オープンハウス型には限界がある。（住民と対面する）『教室型』の説明会が必要ではないか」とただすと「国に聞くとでしょう」と委員長（自民）。区の担当課長は「教室型の要望があることは国に伝えている」と答えた。

また奈須さんは長距離の国際線ほど落下物が多く、成田空港のある千葉県成田市には、落下物で死亡2000万円などの見舞金制度があると伝え、対応を尋ねた。担当課長は「情報を集めて研究していく」と述べるだけだった。国交省によると、成田空港周辺で確認された落下物は過去10年で21件（部品14、氷の塊7）。

羽田空港新ルートの問題点を書いたチラシを通行人に配る奈須利江さん
＝2016年12月11日、東京都大田区のJR蒲田駅西口
（撮影・萩原達也）

「住民の声をきちんと聞かず、国が勝手に決めて教室型の説明会さえ開かない。主権者をばかにするな。議論して都心上空を飛ばない方法を考え出したい。区も区議の多くも国の説明をうのみにし、本来の地方自治も機能していない」と奈須さんは憤る。

30代の半ばまで普通の「ＯＬ」や「専業主婦」だった彼女の転機は、夫の転勤で92年から英国領下の香港に約5年滞在したこと。米国やオーストラリアの女性は多くが仕事を持ち、子育て中の人も一段落したら仕事に復帰する目標を立てるなど、自ら選択し生きる姿に刺激を受けたという。

帰国後、介護用品の工業会などに勤める一方、ＰＴＡや読み聞かせのボランティアなどに力を注ぐ。児童館運営に関わろうとしたら区議に推してくれる人たちが現れた。

区議を２００３年から連続3期。13年の都議選に挑んだが及ばず、15年に区議4期目に当選し、低空飛行問題に出合う。

「辺野古と同じ」

「奈須さんたちの活動がママ友からママ友へといった感じで伝わっている」と航空評論家の秀島一生さん（１９４６年生まれ）はみる。

事故は起こり得ることや規制緩和で点検が1日1回になっていること、東京の川では映画になった「ハドソン川の奇跡」は起こらないことなどを挙げ、秀島さんは「鹿島灘（茨城県―千葉県）から羽田へ向かうルートの方がいい」と提案する。

一方、大田区の隣の品川区で低空飛行反対を訴え、デモなどをしてきた秋田操さん（１９３８年生まれ）は「１９６０～70年代に住民が騒音の解消を訴え、羽田空港の沖合移転や内陸に航路をとらないルール、国際線の成田開港が実現した。そうした歴史を無視するものだ」と話す。

大田区内で奈須さんも参加した２０１６年11月2日の集会では、参加者の一人が「押しつけは沖縄の辺野古と同じ。闘う人たちの気持ちが分かった」と発言。品川、目黒、江戸川各区に加え、上空を飛ばない練馬区、世田谷区などから来た人もいた。

成田より羽田が便利と考える人も多いとみられるが、奈須さんは「五輪や経済的な利益、利便性だけで受け入れ、実際に頭上を航空機が飛び始めてから後悔してほしくない」と話している。

（竹田昌弘）

History

航空機騒音被害、人格権で救済せず

大阪空港の周辺住民は1969年以降、航空機の騒音や振動などで身体的、精神的被害を受けたとして、①夜9時～朝7時の空港使用差し止め、②過去の被害賠償、③将来の被害賠償―を国に求める訴訟を相次いで起こした。

二審大阪高裁は75年11月の判決で、憲法13条から導かれる「人格権」を救済根拠として空港使用を差し止め、②と③も認めた。しかし、81年12月の最高裁大法廷判決で認められたのは②だけで、人格権や環境権に基づく民事訴訟での差し止め請求は不適法とされた。この枠組みが同様の訴訟で踏襲されている。

実は、最高裁で大阪空港訴訟を当初担当した第1小法廷は①と②を認める方向だったが、岡原昌男長官が大法廷での審理を求めて結論が変わったことが91年に判明している。

ただ大阪空港は裁判を機に夜間、早朝の飛行が禁止され、関西空港の開港で便数が減った。周辺への騒音対策も進んだ。

大阪空港訴訟係争中の大阪府豊中市勝部付近＝1974年2月20日

5.

しつこく戦争嫌う
長崎で生きる被爆２世、
平野伸人さん

雲一つない２０１７年の元日午前、長崎市の平和公園にある平和祈念像前で、被爆者や高校生ら約65人が核兵器廃絶と平和な世界の実現を目指して座り込んだ。「長崎に原爆が投下された11時２分になります。黙とうをしましょう」。被爆２世の平野伸人さん（１９４６年生まれ）は参加者や観光客らに呼び掛けた。

原爆投下は45年８月９日。亡くなった人は７万人を超え、１万８千戸以上が被災した。

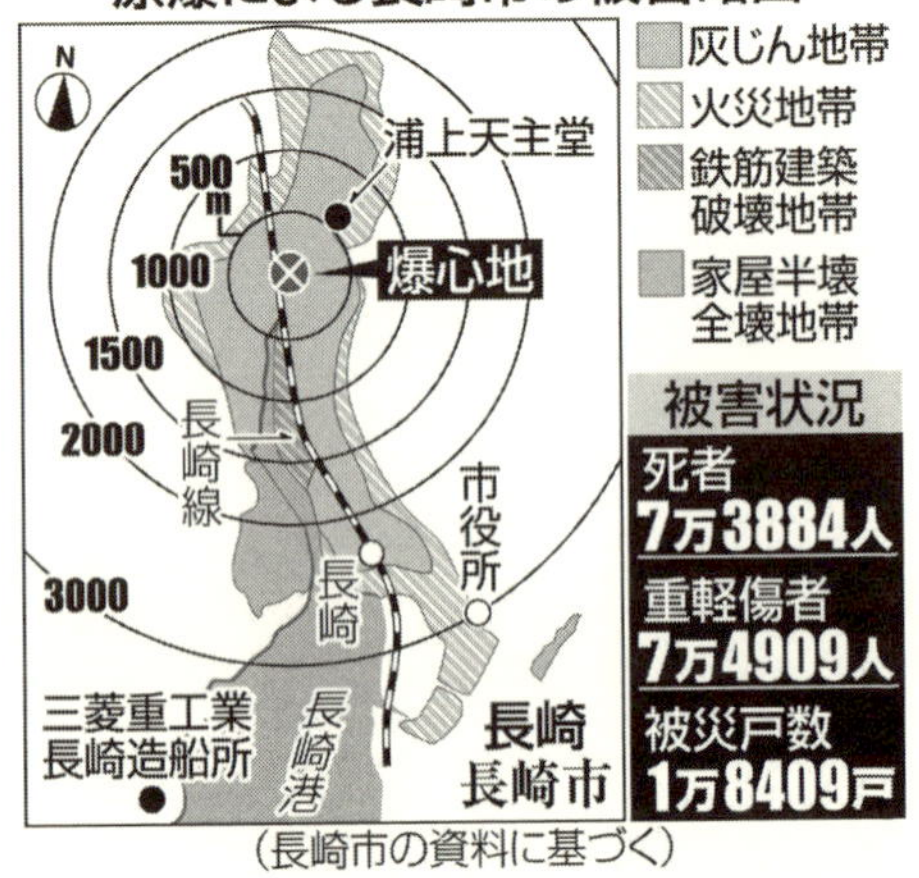

（長崎市の資料に基づく）

平和運動の旗手に

平野さんの祖母と母良枝さん（1919年生まれ）、姉の3人は爆心地から3・6キロの自宅で閃光と地響きに襲われた。祖母は全身に窓ガラスが突き刺さった。良枝さんは逃げる途中で負った右すねの傷が治っていない。

旧満州に出征した父は45年9月に戻り、平野さんは翌年の暮れに生まれた。家や小学校は原爆で傾き、級友は全員が被爆2世か胎内被爆者。高校2年のとき、両親とも被爆者だった同級生が白血病で急逝する。

「おまえも被爆2世」と父から聞いたのはその前後。国は遺伝的な影響は認められないとしているが「私もいつか白血病になって死ぬかなあ」と不安を抱いた。家族の戦争体験と被爆2世としての自覚が「戦争をしつこいぐらいに嫌う人間になりたい」と志す原点だ。

大学進学や就職で長崎を離れたが、79年に小学校教諭として戻った。86年に「県被爆二世教職員の会」を結成して会長に就任。翌年には、全国組織の会長となり、平和運動を本格化させる。

親たちの被爆体験を聞き取り、冊子にした。核実験に抗議する座り込みや集会では、被爆者から発言を求められるようになった。「新しい平和運動の旗手」「被爆者運動の後継者」。期待は日に日に高まった。

託された血染めの服

その頃、大阪の被爆2世に同行して訪韓し、日本の法的援護の対象外だった在外被爆者の苦悩を目の当たりにした。意に反して日本へ連れてこられ、被爆した人も。手弁当の現地調査や援護を求める裁判に没頭した。

長崎の被爆者から「何で韓国人のことばっかり」と言われ、「正統な後継者ではなくなった」と感じつつも、迷いはなかった。「被爆者はどこにいても被爆者だ」。勝訴を重ね、国内居住者との援護の格差は大幅に縮小していった。

最大の理解者が、元長崎市長の本島等さん（2014年に92歳で死去）だった。昭和天皇が重体となった1988年、市議会で「天皇の戦争責任はあると私は思います」と発言。90年、右翼に拳銃で胸を撃たれた。重傷を負ったが職務に復

帰。発言は撤回しなかった。

平野さんらは当時「言論の自由を求める長崎市民の会」を結成し、発言を支持した。ただ被爆遺構の保存などを巡り、けんかばかりしていた。

転機は92年、本島さんが在韓被爆者を慰問し、謝罪したことだ。95年に落選して退任。訪韓時に案内をした平野さんと平和運動の盟友となった。

元日の座り込みは、平野さんらが2002年から始めた。本島さんは毎年参加し、没後は遺影が掲げられている。晩年は平野さんに「弟子になりたい」と語り、銃撃時の弾痕が残る血染めのワイシャツや背広などは平野さんに託された。

平和公園では毎月9日にも座り込みがあり、平野さんも参加してきた。17年の1月9日は「9条を壊すな」「『戦争法』は許さない」と書かれた横断幕を掲げ、約130人とともに並んだ。

平和祈念像前の座り込みに参加した平野伸人さん
＝2017年1月9日、長崎市の平和公園
（撮影・中島悠）

「志」通せる社会に

「核廃絶には、皆さんの力が必要です」。前日の8日には、平野さんはJR長崎駅近くで声を上げる制服姿の高校生約20人を見守った。01年から続く「高校生1万人署名活動」の世話役を務めている。

　平野さんらは国連に被爆地の声を伝える「高校生平和大使」を毎年派遣し、署名集めは大使に届けてもらおうと、高校生が始めた。平均年齢が80歳を超えた被爆者や市民の期待は高く、活動をノーベル平和賞に推す動きがある。

　被爆2世の妻と2児に恵まれ、孫が5人いる平野さん。安倍政権による安全保障法制で「平和運動の根底にあったものが揺らいでいる」と懸念する。被爆者らと一緒に安保法制違憲訴訟の原告に加わった。

　原爆を巡る国などとの闘いも続く。良枝さんの原爆症認定訴訟のほか、長崎原爆に遭ったが、被爆者と認められていない「被爆体験者」の訴訟の相談役も務める。「全国被爆二世団体連絡協議会」の特別顧問として、国の援護責任を問う集団訴訟でも原告になった。

　弱者救済や差別解消に奔走し、平和の種をまく生き方—。「理想主義者と言われることもあるが構わない。長崎に生きるとは、そういうことではないか。この

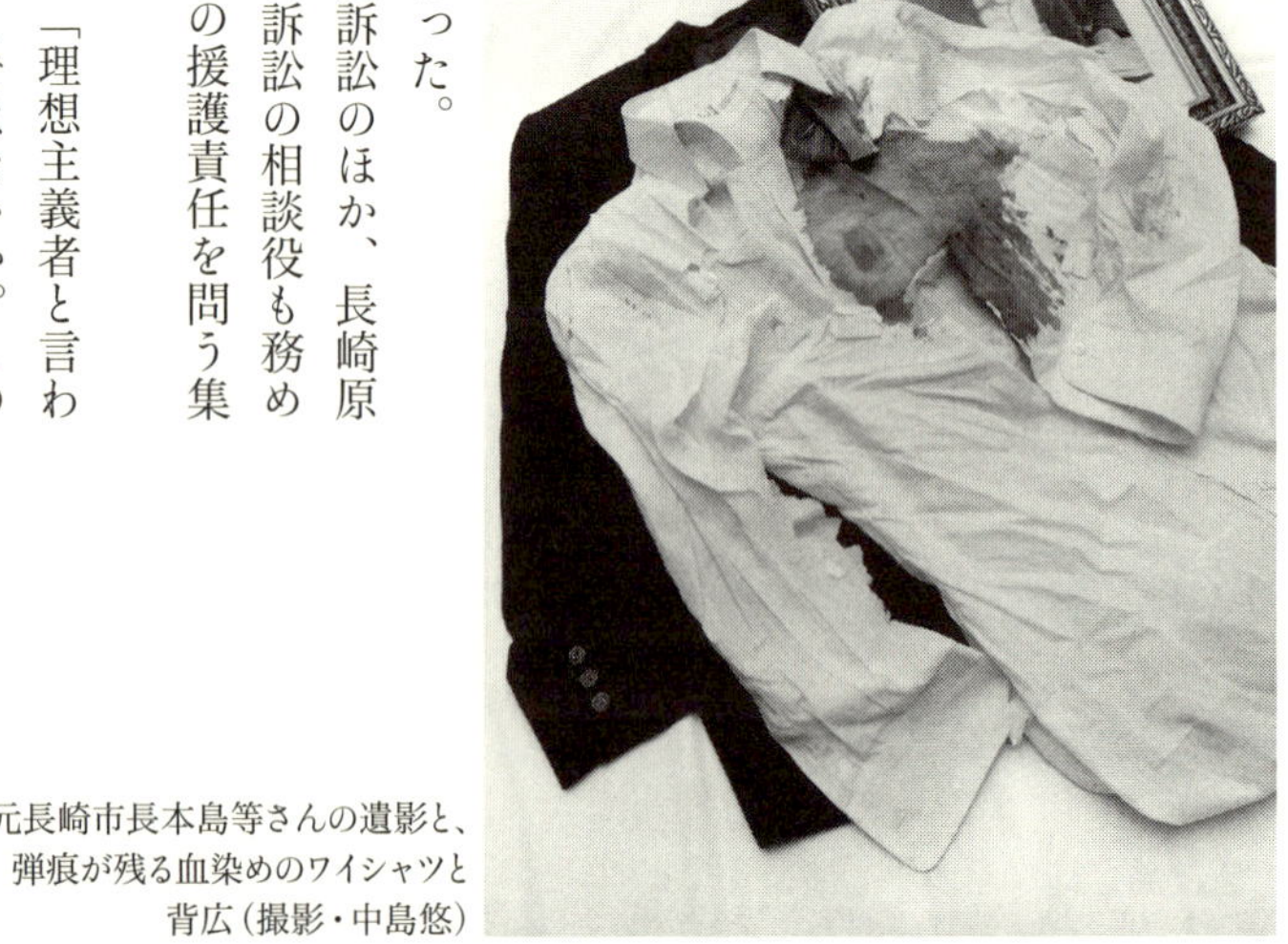

元長崎市長本島等さんの遺影と、弾痕が残る血染めのワイシャツと背広（撮影・中島悠）

生き方、志を通せる社会であってほしい」

（長沢潤一郎）

《追記》平野さんによると、高校生平和大使の活動は２０１８年のノーベル平和賞候補となった。同年４月、ノーベル賞委員会からメールで通知があった。

History

「主権国として固有の自衛権ある」砂川事件で最高裁

1957年、東京都砂川町（現立川市）の米軍基地に立ち入ったとして7人が起訴された「砂川事件」の最高裁大法廷判決（59年12月）では、戦争放棄を定めた憲法9条を巡り「主権国として持つ固有の自衛権は何ら否定されたものではない」との判断が示された。

政府は自衛隊の装備や軍事行動について「必要最小限度」と繰り返し、他国への攻撃を自国への脅威とみなして反撃する集団的自衛権は行使できないとしてきた。

ところが、第2次安倍政権は集団的自衛権の行使を認め、安全保障関連法を成立させた。関連法は憲法違反とする提訴が全国で相次ぎ、原告は5千人を超えている。

一方、砂川事件判決で最高裁は、日米安保条約には「国の存立の基礎に極めて重大な関係を持つ高度の政治性」があり、司法審査の範囲外として憲法判断をしなかった。こうした考え方は「統治行為論」と呼ばれる。

砂川事件の判決が言い渡された最高裁大法廷
＝1959年12月16日

6.

ルーツ、恥じない子に在日外国人に母国語を教えるＮＰＯ代表、朴洋幸（パク・ヤンヘン）さん

ＮＰＯ法人「トッカビ」は大阪府八尾市の市営住宅の立ち並ぶ一角に小さな事務所を置く。トッカビは朝鮮民話に出てくる愛らしいお化けの名だ。在日韓国・朝鮮人の子ども会からスタートしたトッカビが今、週末ごとにベトナム人の子どもたちを集め、親の母国の言葉を教えている。年々様変わりしている日本社会の外国人コミュニティー。異文化への厳しい視線の中でも子どもたちが「ルーツ」を恥じることのないよう、言葉や文化を継承する取り組みだ。

八尾市に居住する外国人の内訳

10km
N
兵庫
大阪
大阪市
大阪湾
和歌山
奈良

八尾市
韓国・朝鮮人 約3100人
中国人 約1800人
ベトナム人 約1200人
（人口約26万8000人のうち）

（図表のデータは 2017 年 1 月現在）

差別との闘い経て

トッカビ代表理事の朴洋幸さん（1968年生まれ）は、兵庫県尼崎市で在日韓国人2世の父と日本人の母との間に生まれた。

差別はさほど強くは感じていなかった。だが、大学入学後、民族差別を考えるサークルに入って思い出した。入学や奨学金の書類に本名と日本名を並べて何度も書いたこと。学校推薦があったのにきょうだいが就職で不採用になったこと。在日コリアンと知られたくなかった子ども時代…。成人式前に、学生証の名前を本名に書き換えた。

1991年、卒業と同時に民族差別と闘う運動に身を投じた。就職や賃貸住宅入居、職場での日本名使用の強制など、在日コリアンへの差別は根深く、改善を促す運動は各地に広がっていた。

国際人権規約や人種差別撤廃条約、差別を禁じた日本国憲法の「法の下の平等」を盾に、企業や行政と渡り合った。

だが、運動は路線対立などで分裂。朴さんは98年、学生時代に子ども会活動で訪れていたトッカビに移る。自分が大学時代、子どもたちと民族の文化や歴史を学び、誇りを取り戻した場所だ。

町は変わっていた。在日コリアン社会では一家で日本国籍を取得する人も増え、子どもが集まりにくくなっていた。半面、ベトナム人と中国人が急速に増えつつあった。ベトナム戦争後のボートピープル、帰国した中国残留孤児の家族らがもともとのルーツだ。

95年から始まっていたトッカビでのベトナム人の子ども会活動の中で、朴さんは「日本語がうまく話せない親を軽んじ、恥じる気配」を感じた。「ショックでした。『数十年前のコリアンと同じだ、何も変わってないじゃないか』って」。異文化共生、民族の誇りと言っていたのは何だったのかと自問した。

ベトナム語を習う

「お米は?」「ガオ!」「ご飯は?」「コム!」。1月28日の土曜日、八尾市内の集会所に声が響いた。市の支援も得てトッカビが主催するベトナム語教室だ。小学校低学年の子らに口伝えで教えているのは、木村美咲さん(1997年生まれ)。小学1年でベトナム人の両親に連れられて来たとき

旧正月を祝う「テト」に参加し、
ベトナム人の知人たちと談笑する朴洋幸さん
= 2017年1月29日、大阪府八尾市
(撮影・泊宗之)

は「トランゴック・ティーさん」だった。

家族とはベトナム語で話したが、読み書きは十分にはできなかった。教室を休まなかったのは「同じベトナム人の幼なじみ、お兄さん、お姉さんがいて、楽しかった」からだという。高校時代までずっと通ってきた。

中学に進む前に一家で日本国籍を取得。引っ越し先の中学にはベトナム人はいなかった。国籍のことは、聞かれなければ答えなくなっていった。「教室に来ると分かってもらえているから、ほっとしました」と話す。

大学に進学し、今度は教える側に回った。今の子どもたちは日本

人とベトナム人を親に持つことも多く、ベトナム語は会話もおぼつかない。木村さん自身は「教えることで自分も勉強できればいいと思ったが、両親は思いのほか喜んでくれた」と話す。

日本生まれの子どもにとって「母国語」とは言えない親の言葉。朴さんらはそれらを「ルーツ語」と総称している。

旧正月のうたげ

翌29日、朴さんは同じ集会所で旧正月の「テト」をお祝いする席にいた。八尾ベトナム人会主催で既に17年目。大阪府内外から３００人近くが駆けつけて旧交を温めた。次々に舞台に上がり、祖国の歌や踊りに興じる。

会場には子ども連れの若い人が目立つ。留学生や技能実習生として来日した人、留学後に引き続き日本に住む人もいる。そこに地元

生まれの子どもたちが交じる。八尾に長年住んでいるお年寄りも笑っている。外国人住民とコミュニティーの在り方が世代を重ねて多様化していることが一目で分かった。

うたげに盛り上がる人たちをうれしそうに見守った朴さんは話す。

「子どもが集まれば親も集まる。話をするうちに、日本での暮らしの不都合や困っていることも分かる。それを一つずつ解決していけば、日本社会も安心で暮らしやすいものになる。こうした試みが、全国に広がってほしい」

（由藤庸二郎）

子どもたちにベトナム語を教える木村美咲さん
＝2017年1月28日、大阪府八尾市
（撮影・泊宗之）

History

民族教育の価値認める 京都ヘイトスピーチ訴訟

京都市南区にあった朝鮮学校（小学校と幼稚園に相当）の周辺で2009～10年、ヘイトスピーチ（憎悪表現）を繰り返し、授業を妨害したとして、京都朝鮮学園が「在日特権を許さない市民の会」（在特会）とそのメンバーに損害賠償などを求めて提訴した。

一審京都地裁は13年10月の判決で、在特会側に賠償金約1200万円の支払いと街宣活動禁止を命じた。14年7月の二審大阪高裁判決では、この結論を支持しつつ、学園には「民族教育を行う学校法人としての人格的価値」や「教育業務として民族教育を行う利益」があると認定。教育を妨害し、学園の名誉を損なう街宣は「公共の福祉」に反し、表現の自由の乱用だとの判断が示された。

学園側は「民族教育の重要性がきちんと指摘された」と喜んだ。同年12月の最高裁決定で在特会側の上告が退けられ、二審判決が確定している。

7.

思いやり社会を再び
全国で最初に「こども食堂」を始めた
近藤博子さん

2010年春、近くの小学校へ入学した男の子は、一緒に暮らす母親が病気で食事を作れず、朝食と夕食はバナナ。昼の給食が頼みの綱で、先生が保健室でおにぎりを食べさせることもある。

東京都大田区の近藤博子さん（1959年生まれ）は小学校の関係者からこんな話を聞き、バナナを1人で食べている子どもの姿を想像してみた。すごく寂しいだろうなと思った。悲しくて仕方がなかった。

何かできないか。友人と相談し、子どもが1人でも利用できる食堂を開けないかと思い描く。

近藤さんは歯科衛生士として長年働いた経験から、生活の中で重要なのは「食」と考え、08年に東急池上線蓮沼駅のそばで、無農薬野菜や自然食品のお店「気まぐれ八百屋だんだん」を開いた。だんだんは出身地、島根県出雲地方の方言で「ありがとう」の意味だ。

店内では「手話教室」や小中高校生が100円で塾講師らに勉強を見てもらう「ワンコイン寺子屋」などが開かれ、地域の人が集う「シェアスペース」でもあった。

広くはないが、以前は居酒屋だったので、台所やカウンター、6畳ほどの小上がりがあり、食堂は開ける。ただ、どんなメニューがいいのか、材料費はどうやって捻出するかなどを話し合っているうちに時間がたち、朝夕バナナだけの子は養護施設へ移ってしまった。

「何もできなかったと悔やんだ。1人で食事をする『孤食』の子は他にもいるだろう。もうやるしかないと思った」

12年8月29日、近藤さんは「子ども食堂（その後、こども食堂）」と名付け、だんだんで野菜カレーや煮物などを300円で提供。ワンコイン寺子屋に通う子どもたちや親子連れが訪れた。

異年齢交流

こども食堂は当初、第2、第4水曜だったが、毎週木曜に。食材の寄付も相次ぐ。現在は子ども100円、大人500円で、持ち帰りも可能。毎回20〜40人が訪れる。

昨年12月15日は近藤さんとボランティア6人がエビ春巻きとブロッコリーのポン酢あん、ポトフなどを作った。3歳の男児と一緒に月1、2回来るという母親は、こども食堂で印象的なこととして「中学生が子どもと遊んでくれたこと」を挙げる。「旦那が遅くて」とこぼす女性もいた。

70代の男性は「昔は丈夫に育ってほしいから、女の子に『トラ』なんて名前を付けた」と隣の親子連れに教えていた。

翌週の22日。クリスマスが近いので、メニューはフライドチキンなどで、ケーキも付いた。

「うちの子は大勢で食べるのが好きみたいで、

食事を運ぶ合間にも利用者に声を掛ける近藤博子さん
＝2016年12月15日、東京都大田区（撮影・萩原達也）

雨でもここへ来たがる」と4歳の男児を連れた母親。見学に来た長野県茅野市の農業鈴木健司さん（1935年生まれ）は「1人の食事は味気ないし、いい取り組みだ」と感心していた。

近藤さんは「子ども1人でも、親子連れでも、子ども同士でも、1人で食事するよりは何人かでという大人でもいい。近所の家でわいわいという感じの異年齢交流ができれば」と願っている。

こども食堂は次第に知られるようになり、いまでは全国各地で開設されるまでになっている。交流・連絡団体の「こども食堂ネットワーク」に参加している食堂は200カ所を超えるという。

自治体が補助金、自ら運営

札幌市豊平区の「にじ色こども食堂」。雪が降り積もった2018年1月11日は小さな子と母親、1人で来た子ども、連れ立って訪れた子どもたち約30人がピラフやギョーザ、サラダなどを食べた。

この日は大学生や食品メーカーの社員がボランティアに駆け付けた。ギョーザ作りなどを手伝った中学3年の福本竜貴さん（2001年生まれ）は「料理を教えてもらっている。将来は料理人になりたい」と考えているという。

にじ色こども食堂を運営する安田香織さん（1970年生まれ）は「近藤さんのところへ見習いに行き、15年12月から始めた。中学生がテーブルを囲む『学習スペース&ランチ』などもやっている」と話す。近藤さんのまいた種が着実に育っているようだ。

子どもの貧困が社会問題化するのに伴い、地方自治体がこども食堂に補助金を支給したり、自治体が自ら運営したりするケースも出てきた。

「困難を抱えた子どもを集めて食事をさせているだけと思われるのは困る。こども食堂は生きづらさを感じている子どものこと、人のことを思いやることができる社会を再構築するきっかけであり、ゴールではない」と近藤さんは強調する。

確かに地域社会のつながりが強くなればなるほど、困ったときでも、憲法25条に書かれている「健康で文化的な最低限度の生活」は守れる。だんだんのパンフレットには、1人の手では、何もできないけれど、みんなの手をつなげば、大きなパワーとなり、何かができるという「願い」が書かれていた。

（竹田昌弘）

《追記》こども食堂の支援団体「こども食堂安心・安全向上委員会」（代表・湯浅誠法政大教授）の2018年1～3月の調査によると、こども食堂は全国で2286カ所確認した。最も多かったのは東京都の335カ所で、大阪府（219カ所）、神奈川県（169カ所）が続く。

History

生存権、国民の具体的権利ではない

憲法25条に定められた「健康で文化的な最低限度の生活を営む権利」は「生存権」と呼ばれる。表現の自由などは公権力が何もしなければ保障されるのに対し、生存権は国などによる積極的な介入、配慮が必要となる。

最高裁は、結核で国立岡山療養所に入院していた朝日茂さん（故人）が生活保護の基準（月額600円の生活扶助）は低すぎると訴えた「朝日訴訟」の判決（1967年5月24日）で、憲法25条は国民に具体的権利を与えたものではなく、国民が健康で文化的な最低限度の生活を営めるよう国政を運営する国の責務を宣言したにとどまるとの解釈を明らかにした。

国民の具体的権利は法律によって与えられ、最低限度の生活水準は行政が認定するが、現実の生活条件を無視するなどして裁量権を乱用したときは、違法な行為として司法審査の対象になるという判断の枠組みを示した。

朝日茂さんの遺影とバラの花を手に、
最高裁へ入る養子の夫妻＝1967年5月24日

8.

「知る権利」国が妨害　もう一つのビキニ被ばくを調べ続ける　山下正寿さん

「息子は2度、被ばくしました」。長崎原爆による「被爆」とビキニ水爆実験による「被ばく」の二重苦から、27歳で自殺した青年がいた。

1954年3〜5月、米国が太平洋・ビキニ環礁で行った水爆実験。船員23人が被ばくした静岡県焼津市のマグロ漁船「第五福竜丸」の悲劇は世界に衝撃を与えた。

しかし、その青年が乗っていたのは高知のマグロ漁船という。青年の母親の証言が、元教師山下正寿さん（1945年生まれ）のビキニ被ばくを巡る、長い闘いの始まりだった。

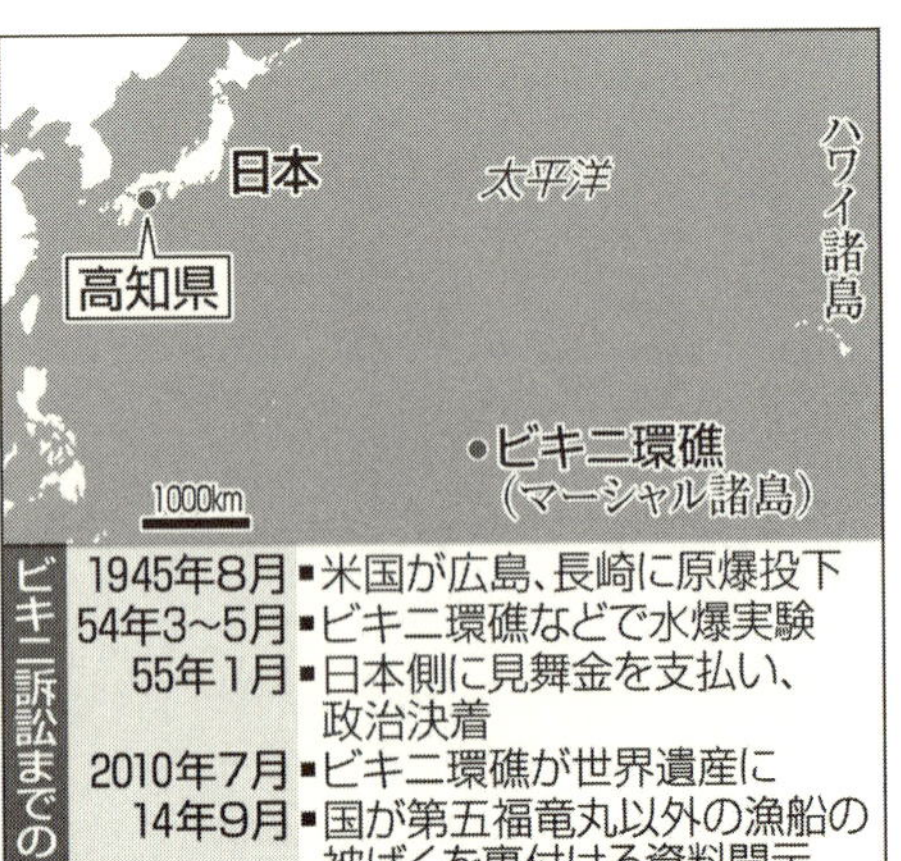

ビキニ訴訟までの経過

1945年8月	米国が広島、長崎に原爆投下
54年3〜5月	ビキニ環礁などで水爆実験
55年1月	日本側に見舞金を支払い、政治決着
2010年7月	ビキニ環礁が世界遺産に
14年9月	国が第五福竜丸以外の漁船の被ばくを裏付ける資料開示
16年5月	元船員らが高知地裁に提訴

第五福竜丸以外の船も

85年春、高知県宿毛市の高校で社会科を教えていた山下さんは、県西部・幡多地域で平和学習を行うゼミの顧問もしていた。その年の課題は広島・長崎への原爆投下40年。有志の高校生とともに、地域の被爆者を調べる過程で、次男節弥さんを2度の核被害で亡くした藤井馬さんと出会う。

節弥さんは45年8月9日、長崎で馬さん、姉と被爆。その後、馬さんの故郷宿毛市に戻り、家計を支えようと乗り込んだマグロ漁船で複数回、水爆実験に遭遇したとみられる。

「第五福竜丸以外の船が被ばく?」。衝撃を受けた山下さんと高校生はその後5年間で、元船員約240人に聞き取り調査を実施する。

その結果「キノコ雲を見た」「白い灰を浴びた」など数々の証言とともに、ビキニ周辺で操業した元船員が若い年齢でがんを患ったり、早世したりしていることが次第に明らかになってきた。「これほどの被害がありながら、なぜ国は何もしていないのか」

ビキニ実験後の54年3~12月、日本政府が周辺にいた船を対象に実施した放射能検査により、東京など18港で800隻を超える船が500トン近い汚染魚を廃棄した。その約3分の1が高知船籍と言われる。

漁師へ親近感

32年間、ほとんど手弁当で調査を続けてきた山下さん。「僕は漁村の生まれだから」。胸中には、漁師への思いがある。

山下さんの両親は、宿毛市片島と大分県佐伯市を結ぶフェリー乗り場近くで雑貨店を営んでいた。山下さんが幼いころ、マグロ漁船の漁師が出港前によく駄菓子をまとめ買いに来た。「漁師には本当にかわいがってもらった」と笑みをこぼす。だからこそ、ビキニ実験後、彼らに起きた異変を覚えている。首元に突然大きなこぶができた人、声が出なくなった人。「子どもながらに、これはおかしいと思った」。その答えを、山下さんは教師になり、自身の調査で見つけることに。

85年当初から山下さんと活動を共にしてきた、高知県四万十市の元教師上岡橋平さん（1949年生まれ）は「八方ふさがりになっても、山下さんから『これ以上の調査はやめよう』なんて言葉は聞いたことがない」と振り返る。

高校生との調査が一段落した後も「山下さんはほぼ一人で、聞き取りを続けていた。怒りでしょうね。こんなことは絶対に許せないという憤り。その思いが人の何倍も強い」とみている。

核被害隠し

山下さんや報道機関の度重なる求めに応じ、厚生労働省が延べ５５６隻分の被ばくを裏付ける資料を開示したのは２０１４年９月。実験から60年もの歳月が流れていた。

この間、多くの元船員が亡くなったが、偏見を恐れ、何も語らず世を去った者も少なくない。

「知る権利とか、生存権とか、国が守るべき権利を、むしろ国が妨害した。棄民にしたのです」

ようやく手にした証拠の数々。元船員や遺族ら45人は16年５月、被ばくに関する証拠資料を政府が開示しなかった結果、米国への賠償請求の機会を奪われたなどとして、ビキニ実験を巡っては初の国家賠償請求訴訟を高知地裁に起こした。

「放射能さえ浴びなければ…」。原告の一人、高知県土佐清水市の元船員谷脇寿和さん（１９３４年生まれ）は30代で肝臓を悪くし、15年には肝臓と胃のがんで手術を受けた。「働き盛りのころ、治療費で生活は苦しかった。しんどかった気持ちを国に分かってほしい」と訴える。

山下さんも国が度重なる開示請求に資料を隠し続け、精神的損害を受けたとして、原告に加わった。16年7月1日の第1回口頭弁論では「国による核被害隠しに光を当てる司法判断をお願いしたい」と意見陳述した。

10月13日の第2回口頭弁論。1986年に政府が第五福竜丸以外の船の被ばくについて「資料は見つからない」と国会で答弁したことを巡り、国側は当時情報公開法もなく、知る権利は「抽象的な権利」と主張した。

原告側は「当時も公文書閲覧窓口の制度が

あった」と反論。今後も国が故意に資料を隠してきたことの立証を続ける。

「奪われたマグロ漁民の尊厳を取り戻したい」と山下さん。これが最後のチャンスだと考えている。

（池田絵美）

《追記》高知地裁は２０１８年７月20日の判決で、谷脇さんや山下さんたちの国家賠償請求を退けた。一部原告は、判決を不服として控訴している。

ビキニ水爆実験当時、周辺海域にいた、高知県室戸市のマグロ漁船員の写真を手にする山下正寿さん＝2017年1月11日、高知県宿毛市（撮影・仙石髙記）

History

情報公開、行政側有利な司法判断続く

憲法21条で保障される「表現の自由」とは、一切の情報の伝達が公権力に妨げられないことであり、情報の受け手は「知る権利」を持つ。

知る権利には、①国や地方自治体への情報開示請求権、②例えば、受刑者が制限なく新聞を読める「知る自由」、③報道機関が奉仕する「国民の知る権利」―などがある。

①に最高裁が言及したことはなく、大阪府知事交際費訴訟の判決（1994年1月）では、全面開示の二審を破棄、懇談や慶弔などの相手方を非開示とする、行政側に有利な判断を示した。

沖縄返還を巡る日米間の密約文書訴訟では、一審は当時の外務省局長を証人尋問し、文書公開を命じたが、二審が取り消した。最高裁も2014年7月の判決で、行政機関が「存在しない」とする文書は、開示請求した側が存在を立証しない限り、公にできないとして原告敗訴が確定した。

9.

「命の重みに順位ない」福島で学習支援続けるジェンダー研究者、前川直哉さん

福島市の福島高校で２０１６年9月、性的少数者（ＬＧＢＴなど）がテーマの特別授業があり、2年の女子生徒らは「『男なら』『女なら』といった性別による決め付けに気付くきっかけになるので、１日だけ戸籍と違う性別で暮らす日をつくろう」と提案した。

授業に先立ち、この女子生徒は男子の洋服を借り、名前を変えて過ごしてみた。校内で書籍が入った段ボール箱を運べないでいると「男の子だから持って当然でしょ」と言われた。

「性別ではなく、できる人がやればいいのに。性的少数者は男女の二分法にもっと傷ついているかもしれない」

ＬＧＢＴを巡る動き

1990年	■ＷＨＯが疾病分類リストから同性愛を削除
2001年	■オランダが同性婚を認める
04年	■日本で性同一性障害特例法が施行
11年	■国連人権理事会がＬＧＢＴへの差別などに「重大な懸念」と決議
15年	■米連邦最高裁が同性婚を認める
	■東京都渋谷区と世田谷区が同性カップルにパートナー証明書

該当する人は7.6%

Ⓛ＝**レズビアン**（女性同性愛者）
Ⓖ＝**ゲイ**（男性同性愛者）
Ⓑ＝**バイセクシュアル**（両性愛者）
Ⓣ＝**トランスジェンダー**（性同一性障害）

※2015年に全国の20～59歳の約7万人にインターネットで調査。電通ダイバーシティ・ラボによる

決め付け気付かず

特別授業で講師を務めた前川直哉さん（１９７７年生まれ）は神戸市の灘高校3年の1月、しかもセンター試験の翌々日、阪神大震災に遭う。実家の喫茶店は半壊し、高校の体育館は遺体安置所になった。

「こんなときに勉強していていいのか」と思ったが、全国から集まったボランティアは被災者を支え、担任教諭に「形あるものは壊れるが、学んだものはなくならない。学ぶことが復興につながる」と励まされた。東大に合格し、教育学部を卒業。塾講師や灘中・高校の教師などをしてきた。

東日本大震災と東京電力福島第1原発事故後、「災害時こそ教育が大切。今度は支える側に回りたい」と福島市へ移住。地元の住職や企業経営者らと一般社団法人を設立し、被災地の子どもたちの学習支援を続ける。

もう一つの顔がジェンダー研究者だ。自身は男性にも恋愛感情を持つ性的少数者。周りから「同性愛がうつる」などとからかわれ、隠していた時期もあった。

転機は26歳のころ。バレンタインデーが近づき、同性愛者が集まるインターネットの掲示板に「全国のネコ（同性愛で受け身側を意味する俗称）のみんなはチョコレートを作っているのかな」と何げなく書き込んだ。

ある返信にはっとさせられる。「チョコを作るのは女の子だと決め付けているんだね」。差別や偏見には敏感だと思っていたが、無自覚に役割を女性に押し付けていた。

男社会がはじく

ちょうど塾講師を辞めてフリーターをしていたので、ジェンダーに関する書籍を読みあさった。

京大の大学院へ入学。時代ごとに異なる同性愛への社会のイメージを研究し、男性中心の社会が女性や同性愛者らを排除してきたことを学ぶ。「自分たちが間違っているのではなく、社会がいびつだからはじかれる」

17年1月26日夜、福島市内の小さなバーが約20人でいっぱい

東日本大震災の津波と
東京電力福島第1原発事故で
大きな被害を受けた
福島県浪江町の請戸小へ、
大学生らを案内する前川直哉さん
＝2016年7月30日（撮影・堀誠）

になった。「ダイバーシティナイト」と銘打ったトークライブ。15年7月から毎月1回開かれ、ゲストがＬＧＢＴの基礎知識や災害時の苦労、在日外国人の現状など、さまざまなテーマを取り上げる。

19回目のこの日は、スウェーデンに留学していた大学生が、女性の社会進出やＬＧＢＴへの配慮など、現地の状況を報告。参加した性的少数者の20代男性は「家族に『長男だから結婚して家を守れ』と言われ、地元では生きていけないと思った。少数者について学び、意見を言い合えるこの場所に救われた」と明かす。

トークライブを主催する市民団体「ダイバーシティふくしま」は、前川さんが福島在住の憲法やジェンダーなどの研究者らと結成した。福島高校での授業もこの活動の一環。県外の大学生を原発事故の避難指示区域へ案内したり、大学で講義したりすることもある。

ある大学で沖縄と福島の共通点を熟語で出してもらうと「犠牲」や「依存」が多かった。原発事故後の福島では、安全か危険か、放射能汚染を巡る認識の違いで家族や友人と対立したり、差別や偏見を持たれたりした経験を持つ人も多い。

憲法が定める個人の尊重や差別禁止が揺らぐが、前川さんは「だからこそ人の痛みや悲しみに敏感な、多様性を認める地域にしたい」と訴える。

「中心」は鈍感

日本の「中心」の東京と、危険な原発を受け入れ東京に電気を送り続けた「周縁」の福島に、男社会から疎外されてきた女性や性的少数者を重ねる。「中心」は「周縁」の苦しみや生きづらさには鈍感だと感じている。

「どこに住んでいても、性的少数者でも、障害があっても、命の重みに順位を付けない。そんな社会を目指すのが、福島にいる私たちの役割だ」

前川さんらの働き掛けもあり、17年1月、福島県の男女共同参画の

基本計画には、ＬＧＢＴの相談窓口設置や理解を促す学校教育などを盛り込むことが決まった。

ＬＧＢＴ差別禁止法の制定を求める団体のメンバー綱島茜さん（１９７７年生まれ）は「具体策がここまで書き込まれるのは全国初。福島と性的少数者差別に共通点を感じていたが、実際に行動する前川さんはすごい」と話している。

（三浦ともみ）

History

同性婚、米憲法で保障

米連邦最高裁は2015年6月、同性婚の権利は男女の結婚と同様に「法の下の平等」を定める米国憲法で保障されているとの判断を示し、同性婚を禁じる一部の州法を憲法違反とした。裁判官9人のうち5人の多数意見による判決で、性的少数者の「歴史的勝利」（ワシントン・ポスト）と言われている。

同年7月、日本で同性婚を認めないのは、米国と同様の平等原則を定める日本国憲法に反し、人権侵害だとして、全国の同性愛者ら約450人が同性婚の法制化を政府や国会に勧告するよう、日弁連に救済を申し立てた。

一方、LGBTに対する差別を巡る裁判としては、同性愛者の団体が「府中青年の家」の宿泊利用を拒否した東京都に対し、損害賠償を求めた訴訟が知られている。東京高裁が1997年9月の判決で「不当な差別的扱い」と認定し、団体側の勝訴が確定した。

性的少数者がテーマの
特別授業で、
思い思いの提案をする生徒たち
＝2016年9月21日、
福島市の福島高校
（撮影・平田潤）

10.

冤罪の理不尽伝える被害者の穏やかな日常撮った映画監督、金聖雄(キム・ソンウン)さん

無期懲役の受刑者として千葉刑務所（千葉市）に入れられていた3人が2017年2月1日、ドキュメンタリー映画「獄友」の撮影で顔を合わせた。監督の金聖雄（キムソンウン）さん（1963年生まれ）はカメラマンの肩越しに「刑務所にいて、しんどかったことは」と尋ねる。「おやじとおふくろが死んだことだな」と石川一雄さん（39年生まれ）。埼玉県狭山市で63年、女子高校生が殺された「狭山事件」の犯人とされ、仮釈放まで獄中に31年7カ月いた。無実を訴え続け、再審請求中だ。

親の死に目会えず

67年に茨城県利根町布川で大工の男性が殺害された「布川事件」の再審で無罪が確定した桜井昌司さん（47年生まれ）も、獄につながれた29年の間に両親が亡くなり「時間が消えていくつらさがあった」としんみり。

「足利事件」の菅家利和さん（46年生まれ）も「おれもがくんときた」と続く。獄中に17年6カ月。やはり両親の死に目には会えなかった。栃木県足利市で90年に女児が殺された事件で有罪に。証拠とされたＤＮＡ鑑定の誤りが再審請求審で判明し、２００９年に釈放された。翌年、無罪が確定して冤罪（えんざい）を晴らした。

桜井さんが無罪となって両親の墓へ行った話をすると、石川さんは「（事件が起きたとき）両親は私と食事をしていたから、無実を知っている。80過ぎても（冤罪を訴えて）全国を回ってくれた」と振り返った。看守に教えてもらい、読み書きができるようになったことから「（服役が）無駄とは思っていない」と語る。

3人は裸にされる刑務所内の検査や、働いた工場のことなど「獄友話」で盛り上がった。

撮影場所は狭山市内にある「狭山再審闘争勝利現地事務所」。石川さんと結婚して21年の早智子さん（47年生まれ）も来ていた。

金さんはこの石川さん夫妻と出会い、2人の日常を3年にわたって撮った「SAYAMA　みえない手錠をはずすまで」を2013年に公開した。「彼が殺人犯のわけがなく、この夫婦、何かええなと思ってもらえたら」

心許して話す

大阪・鶴橋で生まれた、在日コリアン2世の金さん。婦人服の卸などをやったものの、うまくいかなかった。在日2世の映画監督、呉徳洙（オドクス）さん（15年に死去）の撮影を手伝い、その後助監督に。

記録映像とインタビューで構成する4時間20分の大作「戦後在日五〇年史『在日』」では、厳しい呉さんの下、撮影がいつ終わるか分からず、逃げ出す

ことも考えたが、貴重な経験となった。

金さんの初の監督作品は、戦争に翻弄（ほんろう）されて故郷を離れた在日１世のおばあさん（ハンメ）のおしゃべり、歌、闘病などを収録した「花はんめ」（04年）。ハンメたちを４年間撮り続けた。特別支援学校の卒業生がミュージカルを作り上げるまでを追った「空想劇場〜若竹ミュージカル物語」（12年）が第２作、その次がＳＡＹＡＭＡだ。

どの作品でも、穏やかに問い掛ける金さんに、相手は言いにくいことも打ち明け、心を許していることがうかがえる。

金さんは石川さん夫妻を通じ「袴田事件」の冤罪を訴える袴田秀子さん（１９３３年生まれ）とも知り合った。

弟の巌さん（36年生まれ）は66年、静岡県の旧清水市で一家４人を殺害したなどとして、80年に死刑が確定した。２０１４年３月、ようやく再審開始の決定が出て、身柄の拘束も解かれた。

ボディーブロー

翌４月から、金さんは姉弟の生活に密着し「夢の間の世の中」を16年２月に公

映画「獄友」の撮影現場。
金聖雄さん（左から２人目）が「石川一雄さん（右端）は今も再審請求中」と言うと、
桜井昌司さん（右から３人目）は
「検察が全ての証拠を開示すれば、あっさり無罪になる」、
菅家利和さん（右から２人目）も「自分より先に無罪になるべきだった」と語った
＝2017年２月１日、埼玉県狭山市の狭山再審とうとう勝利現地事務所
（撮影・藤井保政）

開した。タイトルは巖さんが知人に宛てた手紙にあった言葉だ。

巖さんは獄中48年。後半は死刑執行の恐怖から精神を病んだと言われてきた。映画には、家の中をしきりに歩き回る姿や両手の指で「V」「O」「V」を作って誰かに合図している場面、「私は全能の神なんだな」と話しているところなどが収められている。それでも「生きてたってことが何よりですよ」と秀子さんのほおは緩む。

「夫や弟のため権力と対峙（たいじ）する早智子さん、秀子さんがかっこいい」と金さん。「正しいことでも大声で言えば、引かれてしまう。顔面ストレートではなく、ボディーブロー。穏やかな日常を撮ることで冤罪の理不尽、権力の怖さを多くの人の心に伝えたい」という。

東京都文京区で17年2月25日に開かれた巖さんの再審無罪を求める集会。金さんは、福岡の上映会には、巖さんの一審を担当した元裁判官で「無罪の心証」を告白した熊本典道さん（1937年生まれ）が訪れ、脳梗塞で言葉が不自由なのに「袴田」「ありがとう」とつぶやいていたと報告した。袴田事件がきっかけで裁判官を辞め、熊本さんの人生も大きく

変わった。

憲法は「人身の自由」を保障し、適正な手続きや拷問、自白強要の禁止、公平な裁判所の迅速な公開裁判を受ける権利などを定めているが、冤罪は相次ぐ。

（竹田昌弘）

《追記》冒頭の「獄友」は2018年3月から全国で公開されている。

History

「白鳥決定」後、死刑囚 4 人が再審無罪に

札幌市で白鳥一雄警部が射殺された事件の再審請求を巡り、最高裁は 1975 年 5 月の決定で、再審請求の段階でも、新証拠と他の全証拠を総合的に評価し「疑わしきは（合理的な疑いが生じれば）被告人の利益に」の原則が適用されるという判断の枠組みを示した。

この「白鳥決定」で再審開始のハードルが下がり、財田川、免田、松山各事件で死刑が確定した 3 人の再審開始決定が 79 年 6 〜 12 月に相次いだ。免田事件の免田栄さんが最初に再審無罪判決を受けて釈放され、2 人が続いた。その後、島田事件の赤堀政夫さんが死刑囚 4 人目の再審無罪に。

一方、戦後の無期懲役確定者で再審無罪となったのは梅田、足利、布川、東京電力社員殺害、東住吉各事件の計 7 人。日弁連は現在、死刑確定 4 事件と無期懲役確定 2 事件などの再審を支援している（弁護士白書 2016 年版による）。

映画「夢の間の世の中」から。袴田巖さんが一人で外出し、好物のパンを大量に買い込み、秀子さんがあきれて笑っている＝ 2015 年 5 月 3 日（金聖雄さん提供）

11.

景観守るだけじゃない
鞆の浦で空き家再生続ける
松居秀子さん

瀬戸内の穏やかな海がキラキラと光る。港の先端には石造りの灯台「常夜灯」がそびえ、係留された船がギシギシと音を立てている。広島県福山市鞆町（ともちょう）の景勝地、鞆の浦は観光地でありながら住民の生活感が息づく。

県や市はこの港の一部を埋め立て、常夜灯の沖合に橋を架けようとしたが、住民たちは良好な景観の恩恵を受ける「景観利益」などを主張して勝訴し、景観が一変するのを食い止めた。

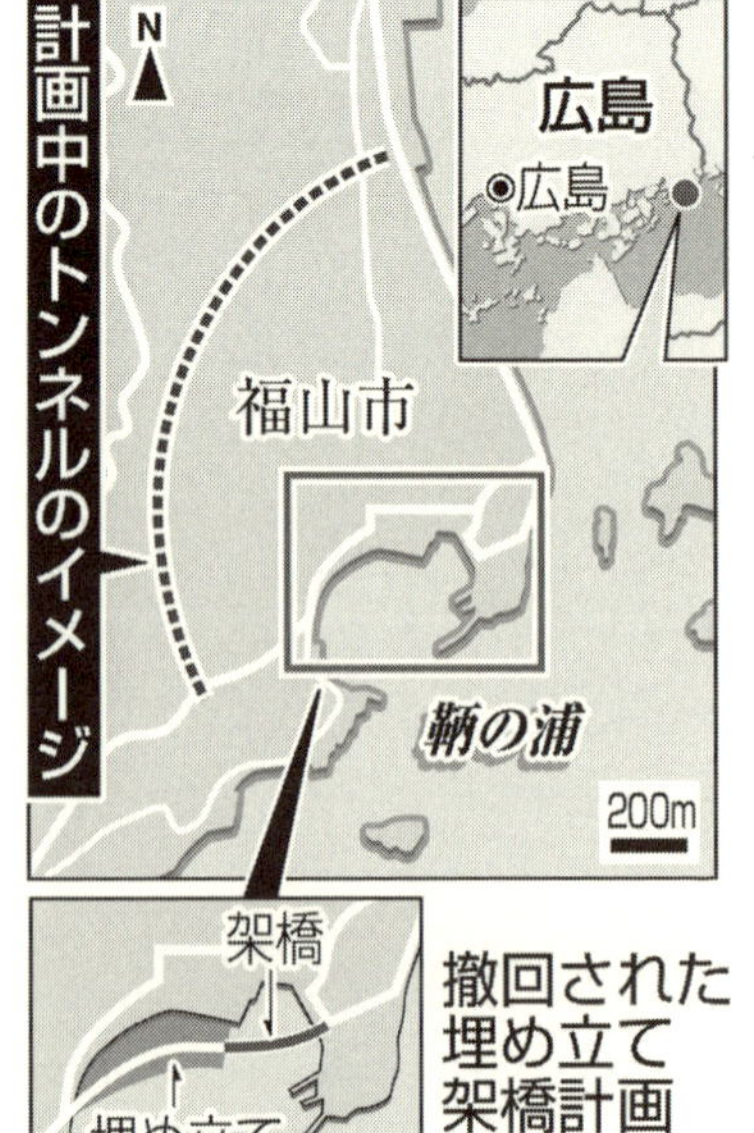

「ポニョ」の古里

鞆の浦は万葉集に詠まれ、江戸時代には朝鮮通信使が絶賛した。江戸期を含む昔ながらの建物が残り、常夜灯や潮の満ち引きに合わせて停泊できるよう岸を階段状にした船着き場「雁木（がんぎ）」など歴史的な構造物もある。

映画監督の宮崎駿さん（１９４１年生まれ）は鞆の浦を気に入り、港を見下ろす丘の民家で２カ月を過ごし、アニメ作品「崖の上のポニョ」の構想を練った。

しかし、中心部の県道でさえ幅が４〜６メートルしかなく、交通渋滞は慢性的。下水道整備や港の災害対策も必要として、県が埋め立て架橋計画を立てたのは１９８３年だった。県幹部は「戦後のモータリゼーション化に取り残された」と評した。

行政側は計画に反対する住民たちの説得を試みるも、逆に住民側から山側にトンネルを通す代替案を提示された。埋め立てる面積を順次縮小したが、計画を進めるためには同意してもらう必要がある特定の住民たちの協力が十分得られず、計画はいったん凍結された。

動きだしたのは、２００４年に架橋を公約に掲げた地元出身の羽田皓さん（１９４４年生まれ）が市長に当選してから。県は国に埋め立て申請するための予算を計上し、測量を始めた。

「ものすごいスピードで訴訟の準備をした」と松居秀子さん（１９５０年生まれ）は振り返る。２００７年４月に提訴した１６０人余りの原告団で事務局長を務めた。08年公開の「ポニョ」で鞆の浦が注目され、全国から集まった計画反対の署名は10万人を超えた。

埋め立て差し止め

広島地裁で09年2月12日にあった最後の口頭弁論。松居さんは意見陳述で思いの丈をぶつけた。

「景観は単なる観光資源ではなく、私たちの重要な生活環境の一部だ。架橋で潮風は排ガスの風に、波の音は車の騒音に変わる。計画を知った小学生が言いました。『架橋したら〝鞆〟がなくなる』。この子らから古里を奪ってはいけない」

広島地裁は同年10月の判決で「景観利益」などを根拠に、埋め立てを差し止めた。判決理由では「鞆の浦の文化的、歴史的景観は住

「御舟宿いろは」で接客する松居秀子さん。
空き家を再生した旅館には、ランチ客が訪れていた
＝2017年3月8日、広島県福山市（撮影・荒木甫浩）

民だけでなく国民の財産」とされた。

県は控訴したものの、知事が交代し、賛成派と反対派が同席する住民協議会が19回にわたって開かれた。12年に県が山側にトンネルを整備する計画に変更し、松居さんたちは胸をなで下ろした。裁判は原告が訴えを取り下げて終わった。

松居さんは京都の大学を出て神戸で就職したものの、父の死を契機に故郷の鞆の浦へ戻った。

家庭教師でためたお金で30歳のころ、米国に1年滞在した。何もかもがスケールの大きい米国に対し、小さな日本の中の箱庭のような古里の町だが「地元に特別な意識、強い思いを持つようになった」。この米国暮らしが自らの転機になったのかもしれない。

埋め立て架橋計画の反対運動に加わる一方、鞆の浦の景観や環境を残しつつ、伝統的な産業や歴史的遺産の活用を目的とするＮＰＯ法人「鞆まちづくり工房」を03年に立ち上げた。

「できることやる」

松居さんは町づくりを勉強し「全国町並み保存連盟」のゼミに通った。人口が減り続け、高齢化が進む鞆の浦では、誰も住んでいない古い建物が放置されている。工房で空き家の所有者とそこを借りたい人を仲介し、サポートする「空き家バンク」を始めた。

「最大の問題が空き家で、当初は案内するだけだったが、約40軒の空き家を再生した」と松居さん。宮崎さんの映画を製作するスタジオジブリも空き家の再生を支援してくれた。世代交代で所有者と連絡が付かない物件や手入れが相当必要な空き家が課題という。

幕末、坂本龍馬が乗った蒸気船が紀州藩の軍艦と衝突して沈んだ「いろは丸事件」は鞆の浦沖が現場。龍馬が賠償の交渉をした建物が空き家になっていたので、工房が改修に乗り出した。

宮崎さんからもアドバイスを受け、この建物は08年に旅館「御舟宿（おんふなやど）いろは」として再生された。

瀬戸内海の景勝地・鞆の浦の日の出＝2017年3月9日、広島県福山市（撮影・荒木甫浩）

平日のランチタイムも絶え間なく客が訪れ、松居さんは笑顔で応対している。

「私が考える〝鞆〟の豊かさは、人と人との関わり合いから」。人が住み、商い、普通の日常がある町を目指す。「今までと変わらず、できることをやっていく」。静かに、力強く話した。

（徳永太郎）

History

景観利益「法律上保護に値する」

景観利益は、良好な環境を享受する権利（環境権）と同様、憲法13条の幸福追求権や25条の生存権（健康で文化的な最低限度の生活を営む権利）から導かれる。

最高裁は2006年3月、東京都国立市の「大学通り」に建設された14階建てのマンションを巡る訴訟の判決で、景観利益について「法律上保護に値する」と認めた。

一方で景観利益に対する違法な侵害行為の認定には、刑罰法規や行政法規に違反するか、公序良俗違反や権利の乱用など態様や程度が相当性を欠くことが必要として、高いハードルを設けた。

「景観権」といった権利性を持つものは認められないとの判断も示し、原告のマンション周辺住民らの敗訴が確定した。

この訴訟の一審は原告の請求を認め、景観利益に基づき7階以上の撤去と賠償を命じたが、二審は景観利益を認めず、原告の逆転敗訴となった。

12.

表現規制、見過ごせぬロビー活動続けた漫画家、赤松健さん

東京スカイツリー直下の東京ソラマチで3月、赤松健さん（1968年生まれ）が初めて原画展を開いた。「ラブひな」「魔法先生ネギま！（通称ネギま）」など、美少女ラブコメディーのヒット作を世に送り出してきた漫画家だ。

原画は作品の舞台を模したセットに展示され、赤松さんが漫画を描いている部屋から作業の様子を生中継するブースも。訪れたファンは20～40代くらいの男性が多い。

戦後の日本漫画を巡る出来事

1952年	▶「鉄腕アトム」連載開始
55年	▶「りぼん」創刊
59年	▶「週刊少年マガジン」「週刊少年サンデー」創刊
68年	▶「少年ジャンプ」創刊
70年	▶「ドラえもん」連載開始
94年	▶ジャンプの発行部数が約653万部に
2000年	▶「JAPAN EXPO」の第１回がフランスで開催
02年	▶集英社がジャンプの米国版発行
13年	▶「ONE PIECE（ワンピース）」の累計発行部数が３億冊を突破

絶版作品電子化も

赤松さんが初めて触れた漫画は「ドラえもん」で、その後、松本零士さん（1938年生まれ）の「銀河鉄道999」などに夢中になったが、自分で描き始めたのは中央大入学後。作品を同人誌に載せ、即売会のコミックマーケット（コミケ）などに出展した。当時の作品は「完全なエロ漫画」と振り返る。

漫画の編集者志望だったが、講談社の漫画賞に入選したのを契機にプロの道へ。週刊少年マガジン（講談社）で通算20年近く連載を持ち、現在も別冊少年マガジン（同）で「UQ HOLDER!」を連載している。

その傍ら「Jコミックテラス」（東京）という会社の取締役会長を務め、絶版になった漫画を電子書籍化し、広告を付けて無料配信する事業を手掛ける。読みたい人に海賊版ではない正規ルートで作品を提供し、作者にもお金が入る。日本漫画家協会の理事として、協会の会員を大幅に増やすことにも尽力した。「私は漫画が好きですから、漫画を守るためです」

そんな赤松さんにとって、決して見過ごせないのが、漫画の表現を規制しようとする動きだ。

2013年5月に衆院へ提出され、法務委員会に付託された児童買春・ポルノ禁止法の改正案。施行期日など、本則に付随する必要事項を定める付則の中に「漫画などの規制について検討し、必要な措置を講じる」という条項があった。

大御所と一緒に

「実在する児童が被害に遭うのを防ぐ法律なのに、被害者のいないフィクションへの規制は認められない」「(憲法21条で保障された)表現の自由の侵害だ」などと、出版社や漫画家協会は一斉に反対の声を上げた。

しかし野党議員への陳情や声明の発表が主で、漫画家協会では、与党議員との関わりも薄く「会ってもらえないだろう」「陳情しても意味がない」という意見が大勢だった。赤松さんはそうした「常識」から離れ、自ら与党議員を訪ねてロビー活動を展開する。

やり方はシンプルだ。漫画家協会理事長で「あしたのジョー」のちばてつやさん(1939年生まれ)や松本零士さん、「アリエスの乙

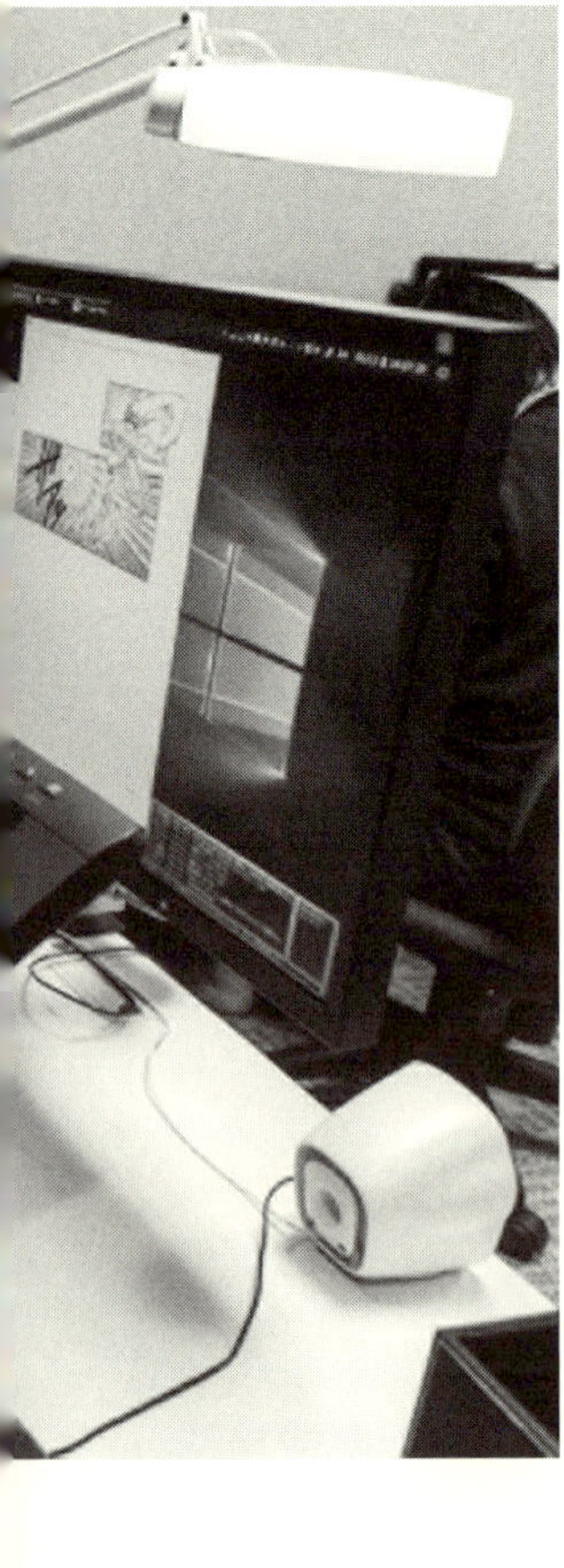

仕事場で漫画を描く赤松健さん。
赤松さんは「漫画を描き始めたのが遅かったので、絵が下手なんです」と話す
＝2017年1月13日、東京都港区(撮影・藤井保政)

女たち」の里中満智子さん（１９４８年生まれ）といった大御所と一緒に行き、大御所に理念を語ってもらう。赤松さんは最後に「それで法案のこの部分ですが…」と話を詰めていく。

誰もが知る大物漫画家の訪問は断られず、じっくりと話を聞いてもらえた。法相や自民党の政調幹部とも会えた。

「歓迎されるし、なぜ誰もやってこなかったのかな」と赤松さん。「ネギま」の連載に追われながら、毎週のように法務省や議員会館、自民党本部を訪れた。

自民党の部会や法務委員会に所属する議員の説得も続け、14年6月成立の改正

法に「漫画」の文字はなかった。赤松さんはこのとき関係を築いた議員の政治資金パーティーに出席し、あいさつを欠かさないという。

「裾野広ければ頂き高く」

表現の問題は国内にとどまらない。環太平洋連携協定（ＴＰＰ）では、被害者の告訴が必要な親告罪の著作権法違反を、告訴なしで摘発可能とすることが検討された。

コミケなどで売られる同人誌には、ファンが好きな作者の作品を基にした「2次創作漫画」も掲載され、それらが捜査対象になる可能性がある。

赤松さんは漫画を始めたころ「美少女戦士セーラームーン」の2次創作を同人誌に描いた。「最初はみんな好きな作品のまねから入るんです。表現の裾野は広ければ広いほど、頂は高くなる。清濁併せのんでいかないと、良いものは生まれてこない」と訴え続けた。

ＴＰＰ関連法では、営利目的の悪質な著作権侵害行為だけを親告罪から外すことになった。

赤松さんによると、アニメ制作会社の多くは作画や彩色などを韓国や中国の会社に外注し、イラスト投稿サイトで人気ランキング上位に入る外国人も珍しくない。

それでも、日本の漫画やアニメは国際的に人気がある。フランスで開催される、漫画などを紹介する「ＪＡＰＡＮ　ＥＸＰＯ」の来場者は、２０００年の第１回は３２００人だったが、昨年は23万人にまで増えた。

「技術で追い付かれても、規制のある韓国から『進撃の巨人』は生まれない。こんなに日本が強い分野は、どこを探してもない」。その原動力は規制が少ないことだと、赤松さんは信じている。

（中村岳史）

History

わいせつ規制、憲法に反しない

性表現は、わいせつな文書の頒布、陳列などを処罰する刑法175条で規制されている。

最高裁は1957年3月、英文学作品の「チャタレイ夫人の恋人」を翻訳した作家伊藤整らが起訴された事件の判決で、同条による規制は表現の自由を定めた憲法21条に違反しないと認定した。

わいせつな文書については、①いたずらに性欲を興奮、刺激させる、②普通の人の正常な性的羞恥心を害する、③善良な性道徳に反する—と定義し、それに当たるかどうかは社会通念で判断するという枠組みを示した。

その後の判例で▽わいせつ性は文書全体で判断する、▽芸術性・思想性により、性的刺激が緩和される—などの枠組みが加わり、2008年2月の最高裁判決では、男性器などを撮影した芸術写真集のわい

13.

幼い命救うこと優先
赤ちゃんポストを開設した
蓮田太二さん

病院の電気設備などに支障はなく、お産や治療は続けられる。親が育てられない赤ちゃんを匿名で受け入れる、国内唯一の施設「こうのとりのゆりかご」も異常なし—。

熊本県を襲った1回目の震度7から一夜明けた２０１６年4月15日早朝、熊本市西区の医療法人聖粒会慈恵病院で、聖粒会理事長の蓮田太二さん（１９３６年生まれ）は幹部職員から報告を受け、胸をなで下ろした。

安倍首相「抵抗感じる」

こうのとりのゆりかごは、赤れんがの別棟「マリア館」に設置されている。67センチ×62センチの扉を開けると、保育器があり、赤ちゃんを置くとブザーとカメラが作動。２階のナースステーションからスタッフが駆け付ける。

産科医の蓮田さんが開設してから２０１７年５月10日でちょうど10年。預けられた赤ちゃんは、公表されている16年３月現在の集計で１２５人に上る。

「赤ちゃんポスト」と呼ばれる、こうした施設がドイツにあることを蓮田さんが知ったのは２００３年ごろで、現地を翌年視察した。どこに設置すべきかや、経済的な問題、遺棄ほう助罪に該当する可能性などを考えていたところ、新生児の遺棄事件が熊本で相次いだ。

女性が命の危険を顧みず自力で出産しながら、途方に暮れて遺棄し、逮捕される。「もはや傍観者ではいられない」。悩んだ末、赤ちゃんポストの開設を決意した。

行政や警察と折衝を重ね、法的な問題をクリアしつつあった06年、開設の動きが報じられると、反対の声が押し寄せる。

「子捨てを助長する」「成長後に出自を知ることができない」。病院にひっきりなしに電話がかかってきた。第1次政権当時の安倍晋三首相は記者団に「匿名で子どもを置いていけるものをつくるのがいいのか。大変抵抗を感じる」と述べた。

SOS相談、年6500件

それでも蓮田さんは考えを変えなかった。さまざまな事情から追い込まれる妊婦が、数多くいるのを知っていたからだ。

ある女性は既に複数の子を持ち、夫も病気を抱え、生活は苦しかった。夫の両親から「次に妊娠したら生まれる子を殺す」と言われていたが、妊娠してしまった。

別の女性は父子家庭だった。育ててくれた父に未婚での妊娠を言い出せず、ついに産気づいた。病院が呼んだ救急車も拒もうとしたという。「この女性は自分が死んでもいいというぐらいだった」と蓮田さんは振り返る。不倫の子を「畑に埋めるしかないと思った」と打ち明けた相談者もいる。

ゆりかごとともに、全国どこからでも電話できる「SOS妊娠相談」も開設。相談は15年度が約5400件、16年度は6500件を超えた。

慈恵病院の赤ちゃんポスト前で、
開設までのいきさつなどを語る蓮田太二さん。
敗血症のため片脚を切断し、車いすで生活している
＝2017年3月7日、熊本市西区（撮影・後藤貞行）

「ゆりかごに預けた女性は自宅や車内で産み、命を守って連れて来た。安易な子捨てではない。最も優先すべきは命を救うこと」と蓮田さんの信念は揺るがない。この世に生まれた全ての子どもに生きる権利がある。

SOS妊娠相談を経て出産した子が新生児のうちに「特別養子縁組」をした養父母たちは毎年、熊本県内で交流会を開いてきた。特別養子は家裁の審判により、戸籍上も養親の実子となる。

ある年の交流会。よちよち歩きの子がホテル大広間のステージにはい上がり、ほかの子と遊んでいるうちに転倒、はらはらしながら見守った父母の元へ泣きながら戻っていった。蓮田さんは「子は親に甘え、親はかわいくてたまらない。新生児の特別養子縁組の場合、赤ちゃん返りも親の愛情を試す行動もない」。ごく幼い頃から愛情を注げば問題なく育つ。ポストに預けられた子も含めて、この仕組みがいいと考えている。

神戸に「面談型」計画

蓮田さんは赤ちゃんポストを「過渡期の姿」と説明する。「各国に広がったが、フランスにポストはない。病院での匿名出産が認められているから」。安全に産んで養子縁組が可能になれば、ゆりかごはいらない。少子化対策を打ち出す日本政府が、苦しむ母子に寄り添うよう願っている。

「熊本の精神を受け継ぎたい」。神戸市北区のマナ助産院院長永原郁子さん（１９５７年生まれ）は、常駐スタッフが24時間対応する「面談型」のゆりかご開設を計画している。

２０１７年3月3日のヒアリングでは、厚生労働省の職員らがマンパワーやセキュリティー、経済力を尋ねた。賛否は示されなかったが、財政面を支援するNPO法人の関係者は、行政の後ろ向きな様子を感じ取ったという。

再び慈恵病院。実は地震の際、食料の備蓄が少なかった。テレビなどで支援を呼び掛けると、８００件超の物資が寄せられた。道路が寸断された中、届けてくれた人も。この病院を支える多くの人の存在がある。

食料は近くの避難所にも配り、計画していた子ども食堂を野外バーベキューに切り替え、約４８０人に振る舞った。

（斉藤友彦）

《追記》熊本市は２０１８年５月、慈恵病院の「こうのとりのゆりかご」（赤ちゃんポスト）で、17年度は7人を保護したと発表。開設以来の累計は１３７人。

一方、マナ助産院は18年6月、親が育てられない赤ちゃんを面談の上で支援機関につなぐ施設を同年9月に開設すると明らかにした。名称は「小さないのちのドア」。思いがけない妊娠や出産に悩む母親に24時間態勢で対応する。

History

赤ちゃんあっせん医師の主張、特別養子制度に反映

宮城県石巻市の産婦人科医、菊田昇さん（1991年に65歳で死去）は救える命は救い、実子として養育されるのが幸せだという考えから、中絶希望者に「戸籍に残らないようにする」と言って出産させ、子は養育を望む夫婦に引き取らせた。

その際、夫婦の実子に見せかけるため、偽の出生証明書を作成した。

こうした赤ちゃんのあっせんは59～77年に計約220人に上った。引き取り先を募る新聞広告などが契機で発覚。菊田さんは78年、公正証書原本不実記載などの罪で罰金刑となり、医業停止6カ月などの処分を受けた。

最高裁は88年7月、処分取り消し訴訟の判決で「医師の職業倫理にも反する」と指摘したが、同年から6歳未満を対象に始まった特別養子縁組制度は養親を夫婦に限り、実親との関係を終了させるなど、菊田さんやその支援者の主張が一部反映されている。

急告！
生れたばかりの男の赤ちゃんを
我が子として育てる方を求む。
菊田産婦人科
電話
医院②５４０１
自宅②５４０２

菊田昇さんが1973年4月、地元新聞に出した広告。赤ちゃんあっせん発覚のきっかけとなった。

14.

「押し付け」事実でない 五日市憲法草案見つけた 色川大吉さん、新井勝紘さん

２０１３年の春、安倍晋三首相は、現行憲法について「進駐軍が作った」「私たち自身の手で憲法を作るという精神こそが、新しい時代を切り開く」などと発言、改憲への意欲を強く示した。

これに対して、東京経済大名誉教授の色川大吉さん（１９２５年生まれ）は「押し付け憲法というのは、歴史的にも、まったく事実ではない」と反論する。

敗戦直後の45年12月、連合国軍総司令部（ＧＨＱ）民政局の法律家マイロ・ラウエル中佐らは、日本の学者や評論家で構成する「憲法研究会」が発表した「憲法草案要綱」を高く評価、直ちに英訳するなど現行憲法の土台としたからだ。

民権運動の血脈引き継ぐ

研究会の中心人物だった法制史の専門家、鈴木安蔵は、明治初期の自由民権運動の中、全国各地で活発に起草された私擬憲法（民間有志による憲法私案）を研究した。

現行憲法の基本的人権に関する条文は、高知県の植木枝盛の私擬憲法などに類似している。色川さんは「自由民権運動家らによる私擬憲法の血脈は、現行憲法に引き継がれている」と指摘する。

68年夏、色川さんが率いる東京経済大の調査チームは、関東平野最深部の五日市町（現東京都あきる野市）にある、山林地主の深沢家の土蔵を開封、「五日市憲法草案」を発見した。東京経済大4年生で調査に参加した元専修大教授の新井勝紘さん（44年生まれ）が回想する。

「土蔵の2階からは想像を超える資料や書籍が出てきた。竹で編んだ弁当箱のようなものの中に風呂敷で包まれた書類があり、冒頭の文字は日本帝国憲法と読めたので、階下に下ろした」

1881年に草の根的に起草された私擬憲法の一つだった。204条もあり、言論や思想の自由、人民の政治参加、義務教育を受ける権利、地方自治権の不可侵などが盛り込まれていた。新井さんは「国家や政府は、国民の自由権利を守るためにあると、見事に言い切っている。条文によっては、現行の憲法を先取りしている」と評価する。

投獄や潜伏

起草の中心となったのは、仙台藩の下級武士の子として現在の宮城県栗原市に生まれた千葉卓三郎。戊辰戦争に参戦して敗走、さまざまな学問、宗教、職業を遍歴した。五日市で小学校に当たる勧能学校の教師を務めながら、自由民権思想にのめり込んだ。

当時の五日市は木材や薪炭の供給源であり、多摩川を通じて都心と直結していた。最新事情に触れていた深沢名生・権八父子ら五日市の人々は、千葉を温かく迎え入れ、女性を含む青年ら

と活発に学習会を開いた。

色川さんは「人権規定が多いのは、千葉の体験から来ていると思う。力のない人民を権力から守るのは『法』しかないという切実な思いがあった」とみる。千葉はギリシャ正教に入信した時期に弾圧され、獄中で鉄鎖につながれたことがある。

そう語る色川さんは、学徒出陣で海軍航空隊に入隊、多くの戦友を失った。敗戦後は民主商工会の書記の傍ら、日雇い労働。1949年に、渋谷駅前広場で演説中に逮捕、留置されている。逃走して約2年間潜伏した。

「おからを買ったり、コッペパンやトマトをかじったりして耐えた」と自身の若いときの困窮を語る色川大吉さん＝2016年11月22日、山梨県北杜市（撮影・堀誠）

皇后さまが言及

安倍首相が改憲に意欲を示した2013年。10月20日に皇后さまは79歳の誕生日を迎え、宮内記者会が提出した「1年を振り返って」などの質問に対し文書で回答した。

「今年は憲法をめぐり、例年に増して盛んな論議が取り交わされていたように感じます」とした上で、五日市憲法草案について「19世紀末の日本で、市井の人々の間に既に育っていた民権意識を記録するものとして、世界でも珍しい文化遺産ではないかと思います」と評価。さらに物故者8人をしのび、その1人に「女性の人権の尊重を新憲法に反映させたベアテ・ゴードンさん」を挙げた。

天皇・皇后両陛下は、政治的なことには決して言及しない。ただ、両陛下が五日市郷土館を視察したのは12年1月23日で、厳密には「この1年」ではない。新井さんは「深読みすれば、皇后さまの新憲法に対する特別な思いを感じる」という。

両陛下は、郷土館の特別展示室で足を止めた。皇后さまは、学習会のテーマを集めた「討論題目」について、「(討論の参加者は)おいくつだったのかしら」など、矢継ぎ早に質問。天皇陛下は、小さな文字を熱心に読んだ。20分の想定だった視察は、40分に延びた。

色川さんは、五日市憲法草案が高く評価されたことを「当

日のテレビニュースで知った」という。「（皇后さまは）とてもシャープな人ですね。国民に寄り添っていくことが（皇室が）一番長続きするためにも必要だということを理解している。わが国民は70年、憲法を変えていない。良い物は良い。それが普通の国民の気持ちでしょう」

（石井勇人）

五日市憲法草案が見つかった深沢家の土蔵2階。新井勝紘さんは「この空気、懐かしい」と深く息を吸った＝2017年1月31日、東京都五日市市（撮影・堀誠）

History

政府は帝国憲法の枠組み変えず、GHQが改憲案

日本が敗戦を認め、1945年8月に受諾したポツダム宣言は国民意思による平和的政府の樹立や基本的人権尊重など、大日本帝国憲法に反する内容だったが、政府は改憲しようとしなかった。

連合国軍最高司令官のマッカーサーが改憲の必要性を指摘し、政府は改憲の要綱を作成したものの、天皇主権や人権の制限といった、旧来の枠組みは変えなかった。

このため、連合国軍総司令部（GHQ）が民間の憲法研究会案なども参考にしながら、国民主権と象徴天皇制、戦争放棄などを柱とする改憲草案をまとめ、これを基にした大日本帝国憲法改正案が46年6月、帝国議会に提出された。

議会審議では、普通選挙制や生存権などの条項が追加されている。修正案が同年10月、帝国議会で可決され、枢密院も採択。11月3日に日本国憲法として公布され、47年5月3日に施行された。

日本国憲法となる大日本帝国憲法改正案の修正案を可決した1946年10月7日の衆院本会議。

15.

生きる楽しさ知って 障害者自立生活を追求してきた 小山内美智子さん

白のジャケットを着て、耳には真珠のピアス。２０１７年３月５日、ＪＲ札幌駅近くの講演会会場に車いすで入った小山内美智子さん（１９５３年生まれ）は穏やかに聴衆にほほ笑みかけた。

「たまに相手を怒らせたり、ほめたり。社会を変えるための駆け引きは恋愛のテクニックと同じ」。脳性まひがあり、障害者の自立生活運動に奔走してきた。でも、その語り口は柔らかい。言語障害はそれほど重くないが、理解の助けになればとスタッフがパソコンで文字にし、スクリーンに映し出す。小山内さんが自分で決めたことだ。

「手を使えない、歩けないとはどういうことか。当事者にしか分からない思いを伝えたい」

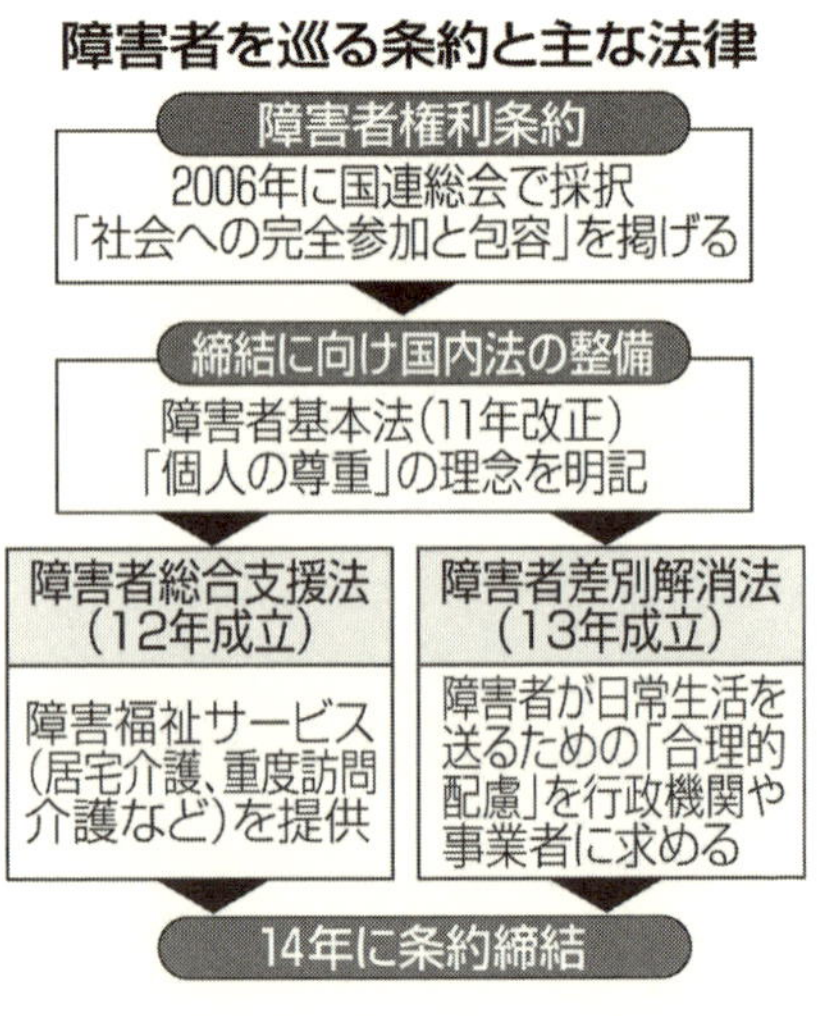

障害者を巡る条約と主な法律

障害者権利条約
2006年に国連総会で採択
「社会への完全参加と包容」を掲げる

↓

締結に向け国内法の整備
障害者基本法（11年改正）
「個人の尊重」の理念を明記

↓

障害者総合支援法（12年成立）	障害者差別解消法（13年成立）
障害福祉サービス（居宅介護、重度訪問介護など）を提供	障害者が日常生活を送るための「合理的配慮」を行政機関や事業者に求める

↓

14年に条約締結

足指で料理

1960年代以降、重度障害者向けの大規模な入所施設が各地に建設されていった。北海道でも計画が進む中、小山内さんは77年に札幌いちご会を仲間と結成。個室化を求め、実現させる。

だが、小山内さんは入所しなかった。脱施設の理念が息づくスウェーデンを訪ねたことで刺激を受け、父が所有するアパートを借り80年に1人暮らしを始めたのだ。

当時27歳。公的なサポートはほとんどなく、不自由な両手の代わりに足指で料理し、身の回りのこともなるべく自分でやった。入浴などは介助が必要で、主婦や学生らボランティアが頼みの綱だった。行政との交渉の合間に絵を描いたり、散歩したり。恋も経験し「生きる楽しさを知った」。

この頃はまだ、重い障害がある人の多くが、親元か施設で生活するしかなかった。そんな社会を変えたい。暮らしぶりを見せようと新聞やテレビの取材を次々と受けた。障害者が見学に来ると「あなたにもできるんじゃない?」と問い掛けた。

社会への完全参加と平等をうたった81年の国際障害者年を契機に自立生活は

徐々に広がり、90年代にかけて大きな流れとなる。誰もが分け隔てなく、憲法も定める個人として尊重される社会を目指す動きだ。時代の転換点にいた小山内さんは、自らの行動を通じ「街で生きたい」とアピールした。

私生活では84年にボランティアの男性と結婚。翌年に長男が生まれ、子育ての喜びも味わった。

助言した青年、家庭持つ

「しょうゆと砂糖、ごま油に七味も」。4月下旬の日曜日。札幌市西区の自宅マンションで、小山内さんは夕食に使うつゆ作りを女性ヘルパーに指示した。障害者総合支援法に基づき、11人のヘルパーが交代で付き、介助時間は月450時間。自治体間の格差やマンパワー不足など課題も多いが、制度は整ってきた。重い障害があっても自立を望み、行動に移した当事者の闘いの成果だ。

いちご会は89年以降、ヘルパー派遣や買い物時の移送サービスなど自立支援事業を展開した。

ある日、栃木県の脳性まひの青年から小山内さんに手紙が届いた。親元で不自由なく暮らしながら拭えぬ物足りなさ。自分の力で人生を切り開きたいとの欲求。

講演する小山内美智子さん。
「障害がある私の存在を決して隠そうとしなかった」と
亡き母の思い出も語った
＝2017年3月5日、札幌市中央区（撮影・武居雅紀）

心情が切々とつづられていた。

文通が始まった。初めて介助者なしで出掛けた野球観戦。頼る人のないことが「何かうれしい」と書いた青年は小山内さんに励まされながら時間をかけて両親を説得、27歳の時に東京で暮らし始めた。「自立したら欲が出てきました。自分の家庭をつくりたい」とも。

その青年、丸山武さん（１９６５年生まれ）は妻恵美さん（68年生まれ）と東京都八王子市の団地で暮らし、障害者宅にヘルパーを派遣する事業所を切り盛りする。

「妻と知り合ったのは…」。思い出話をひとしきり。言語障害のため聞き返されると、何度でも繰り返す。若い世代へのエールも。「やりたいことがあ

いと願う。

ると自立の力になる。仕事でも遊びでも、結婚でも」。意欲を持って生きてほし

「親の愛」時に足かせ

平日の午後、脳性まひの40代男性がいちご会を訪れた。施設を出て9年。小山内さんと以前から交流があり、人間関係の悩みを話したいという。

「気付かないうちに相手を傷つけてしまう」

「人間同士、お互いさまでないの?」

相談は1時間以上続いた。男性は小雨の中、車いすをすいすいと走らせ帰っていく。「幸せになって。それがあなたの仕事」。帰り際に声を掛けた小山内さんは、後ろ姿をずっと見送っていた。

相談では、施設を出るのに親の許

丸山武さんと妻の恵美さん。
武さんは「小山内さんとの文通がなかったら、ここまで「来られなかった」と振り返る
＝2017年3月14日(撮影・若林久展)

可が必要と言われた男性の知人の話も。「親は駄目の一点張り。どうしたらいいか」。答えは見つからない。

親の愛は時に、自立生活に踏み出そうとする障害者の足かせになる。守りたい一心で「できるわけない」と反対する。私も親だから分かると小山内さんは言う。でも—。

「どうかわが子に冒険させてほしい。遠くから見守り、失敗したら助け、また手を離してあげて」。その言葉は、どこか祈りのようだった。（若林久展）

History

障害者権利条約に尊厳や社会への包容

国連総会で2006年に採択された障害者権利条約は障害者の尊厳、個人の自律と自立の尊重、差別禁止や合理的配慮、社会への完全参加と包容などを定めている。

日本は締結に向け、11年成立の改正障害者基本法に「全ての国民が障害の有無にかかわらず、かけがえのない個人として尊重される」と理念を明記。障害者総合支援法や障害者差別解消法を整備するなどして、14年に条約を締結した。

一方、条約が採択された06年に施行の障害者自立支援法で障害福祉サービスの利用が原則1割負担となり、各地の障害者は生存権を保障する憲法25条に反するとして、国や地方自治体に負担免除などを求め、全国14地裁に相次いで提訴した。

国は民主党政権下の10年に「拙速な制度の施行で障害者の尊厳を深く傷つけた」と過ちを認め、原告と和解。負担制度を変更した。

16.

丸腰日本、平和築く
フィリピンの紛争地へ派遣されたＪＩＣＡ職員、落合直之さん

フィリピンのミンダナオ島西部や、その南西の島は「バンサモロ」と呼ばれる。「バンサ」は地域という意味で「モロ」はイスラム教徒を指す。住民たちは人口の8割超がカトリックの国からの分離独立を求め、１９７０年ごろから政府と内戦を続け、２０１４年に包括和平が実現した。

17年3月初め、バンサモロの中心コタバト市の郊外。政府側の民兵が小銃を持って警戒する中、かつて政府と戦ったモロ・イスラム解放戦線（ＭＩＬＦ）の兵士たちがトマトやナスが実る畑で、農業講習を受けていた。

歴史的にイスラム教徒が多く、「バンサモロ」と呼ばれる地域

バンサモロの歴史

1970年ごろ	モロ民族解放戦線(MNLF)が分離独立闘争開始
84	モロ・イスラム解放戦線(MILF)がMNLFから分離
90	バンサモロの一部にムスリム・ミンダナオ自治区設立
2000	MILFと政府の内戦激化
03	MILFと政府の停戦合意
04	国際監視団(IMT)発足
06	IMTに日本人派遣開始、JICAのバンサモロ支援開始
08	内戦再燃
11	アキノ大統領とMILFエブラヒム議長が成田で極秘会談
14	包括和平合意に調印

和平へＯＤＡ貢献

「こうして間引きすれば、実が大きく育つ」。約30人の兵士はフィリピン人講師の話に耳を傾ける。講習を実施しているのは、日本の国際協力機構（ＪＩＣＡ）。日本国憲法前文に掲げる国際協調主義などに基づく政府開発援助（ＯＤＡ）の一つだ。ミンダナオでのＯＤＡは02年度から始まった。ＭＩＬＦとフィリピン政府が停戦に合意し、イスラム諸国の軍人を中心に組織された国際監視団（ＩＭＴ）によって治安が改善。日本は06年、ＭＩＬＦとフィリピン政府の要請で、ＪＩＣＡの職員1人をＩＭＴの社会経済開発部門へ派遣する。

和平成立前の紛争地へ文民を送るのは、日本にとって初の試みだった。

ヨルダンで勤務していたＪＩＣＡ職員の落合直之さん（１９６３年生まれ）は、ＩＭＴへ行きたいと手を挙げた。「大学時代に探検部で集団生活をやっていたから、多国籍の軍人と共同生活しながら各地を巡るのは、自分に合った任務だと思った」。しかし本部（東京）でフィリピンを担当する課長へ異動し、ＩＭＴには別の職員が派遣された。

08年に内戦が再燃。ＩＭＴの各国要員が撤収し「危険だ。日本人も撤退しないと」。落合さんは進言したが、当時理事長の緒方貞子さん（１９２７年生まれ）

は「周りが引いたときこそ前に出よう」とＩＭＴへ職員１人を増派する。和平実現後に開発支援に乗り出すのではなく、開発を進めることが和平に貢献すると、緒方さんは考えていたという。

成田で極秘会談

落合さんは10年12月、念願のＩＭＴの要員となり、戦闘で夫を亡くした女性のための職業訓練や学校建設などの民生支援に当たった。

11年８月４日。日本政府の仲介でひそかに来日したフィリピンのアキノ大統領（当時）とＭＩＬＦのムラド・エブラヒム議長が千葉県成田市のホテルで、初めて会談した。約２時間に及んだ会談は、14年の包括和平への大きなステップとなった。

包括和平で合意された「16年にバンサモロ自治政府設

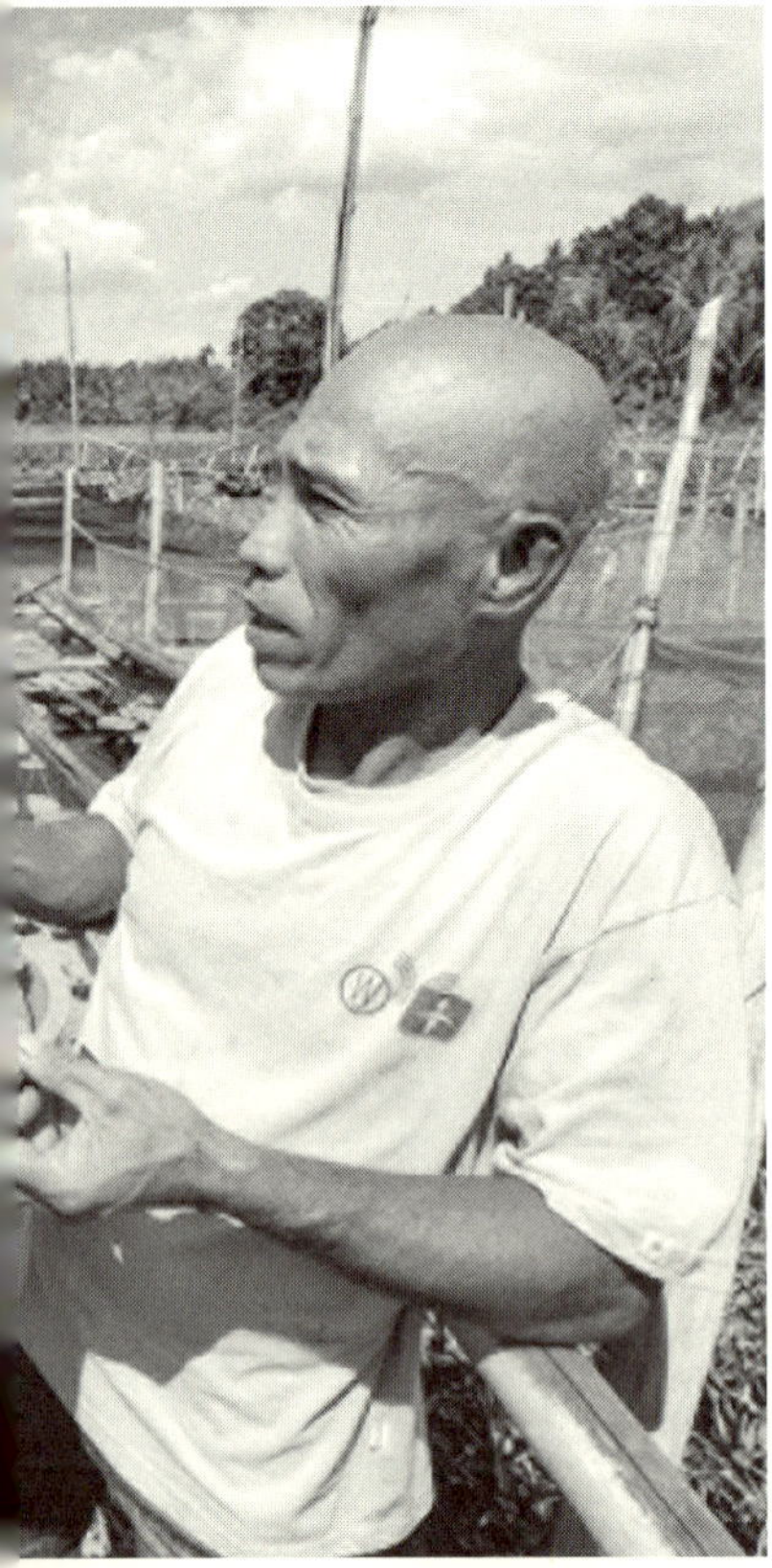

JACA の支援を受けた、
テラピアの養殖場がある村で、
住民に養殖の進み具合を尋ねる落合直之さん（左）
＝ 2017 年３月１日、
フィリピン南部ミンダナオ島のコタバト市郊外
（撮影・村山幸親）

立」は実現していないが、エブラヒム議長は「ドゥテルテ大統領の手腕に期待している。今年の国会で基本法をまとめ、19年に移行機関を設立し、22年には自治政府をつくりたい」と考えている。コタバト市郊外の拠点キャンプ・ダラパナンで今年3月、共同通信記者に明かした。

議長は「継続して支援してくれた日本の皆さんには、本当に感謝している」とお礼の言葉を忘れなかった。

落合さんは、JICAコタバト事務所総括となった。MILFのメンバーは「会ってみると、思慮深く教養がある。正義を実現するため、戦わざるを得なかった」。幕末・明治維新の小説が好きな落合さんには「彼らの姿は、新しい国づくりを目指した明治維新の志士と重なった」という。

異教徒学ぶ小学校

コタバト市から車で約1時間の村では、池を網で区切り、魚を養殖している。住民は大きく育った淡水魚テラピアを手に「ＪＩＣＡの技術支援でビジネスとして成り立ち始めた。幸せだ」と笑う。「内戦で荒廃し、貧困率はフィリピンの平均の倍以上。貧困からの脱出は平和を実感できる大きな要素だ」と落合さん。

イスラム教徒とカトリック教徒の子どもたちが机を並べるキブレグ小学校は、ＪＩＣＡがコタバト市郊外に建てた。日本とフィリピン、ＭＩＬＦの旗が並んだプレートが掲げられている。カトリック教徒のネストー・デ・ベラ校長は「ここはイスラムの土地だが、今はみんな交じって勉強している。この学校はモデルケースだ」と胸を張る。

バンサモロへのＯＤＡは16年までの10年間で２４０億円超に上る。「日本がこの地にとどまり、見守り支え続けたことで和解が進んだ」と落合さんは強調する。「紛争地のバンサモロには、憲法９条があるから自衛隊員は派遣できず、丸腰のＪＩＣＡ職員を送った。彼らは平和を築くことが豊かになることだと教えた」

バンサモロの状況を現地のＮＧＯから聞いたという、元自衛隊員の泥憲和さん（17年５月３日、63歳で死去）は15年夏、安全保障関連法に反対する各地の集会でこんな話をしていた。

（角南圭祐）

《追記》2018年7月、バンサモロ基本法が成立した。ミンダナオ・イスラム自治区を廃止し、独自の予算編成権や徴税権、イスラム法に基づく司法制度などを持つ自治政府樹立の前提となる法律だ。今後、自治政府への参加を問う住民投票を実施し、22年の発足を目指す。自治区がそのまま自治政府となれば、面積は新潟県と同程度の1万3千平方キロ、人口は約380万人。紛争が40年以上続いた南部ミンダナオ島で、恒久平和が現実味を帯びてきた。

History

ODA、国際協調主義に基づく

憲法は前文で、全世界の国民が「恐怖と欠乏から免かれ、平和のうちに生存する権利（平和的生存権）を有する」と宣言し、自国のことのみに専念しない国際協調主義を掲げている。

政府開発援助（ODA）による開発途上国への技術協力や資金提供などは、こうした憲法の理念に基づき、1954年から始まった。外務省によると、丸60年の2014年までに、180超の国・地域に専門家約13万6千人を派遣し、190超の国・地域から研修員約53万8千人を受け入れた。予算は1997年度の1兆1687億円をピークに減少傾向に転じ、2017年度は5527億円。

ODAの実施機関は国際協力事業団から、03年に国際協力機構（JICA）へ移行した。事業団トップの総裁は外務省OBが続いたが、機構は初代の緒方貞子さん以来、外務省出身者以外の理事長が就いている。

17.

ヘイトと闘い続ける
川崎・桜本の在日コリアン3世、
崔江以子（チェ・カンイジャ）さん

閑静な住宅地に抗議の声が渦巻いた。「差別はやめろ」「ヘイトデモ中止」。２０１６年６月５日午前、川崎市中原区の中原平和公園前。在日コリアンに対するヘイトスピーチデモを阻止すべく、数百人が駆け付けた。人々の頭上で「ヘイトスピーチ、許さない。」と書かれたプラカードが揺れる。

座り込むなどして道を人が埋め尽くし、デモは遅々として進まない。警官隊は抗議する人を排除せず、デモを取り囲む陣形。デモは約10メートルしか進めず「中止になりました」と警察官がアナウンスすると、拍手と歓声がわき起こった。ヘイトスピーチ対策法の施行から２日後のことだった。

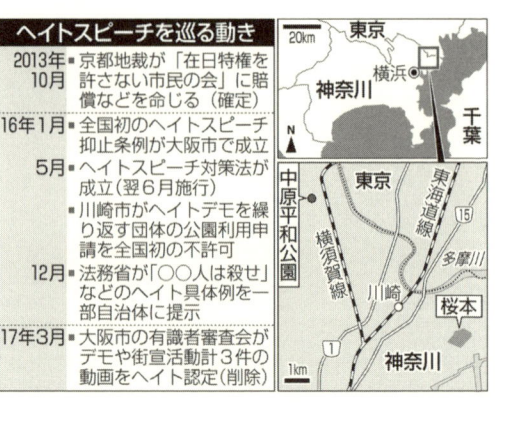

ヘイトスピーチを巡る動き

2013年10月	■京都地裁が「在日特権を許さない市民の会」に賠償などを命じる（確定）
16年1月	■全国初のヘイトスピーチ抑止条例が大阪市で成立
5月	■ヘイトスピーチ対策法が成立（翌６月施行）
	■川崎市がヘイトデモを繰り返す団体の公園利用申請を全国初の不許可
12月	■法務省が「〇〇人は殺せ」などのヘイト具体例を一部自治体に提示
17年3月	■大阪市の有識者審査会がデモや街宣活動計３件の動画をヘイト認定（削除）

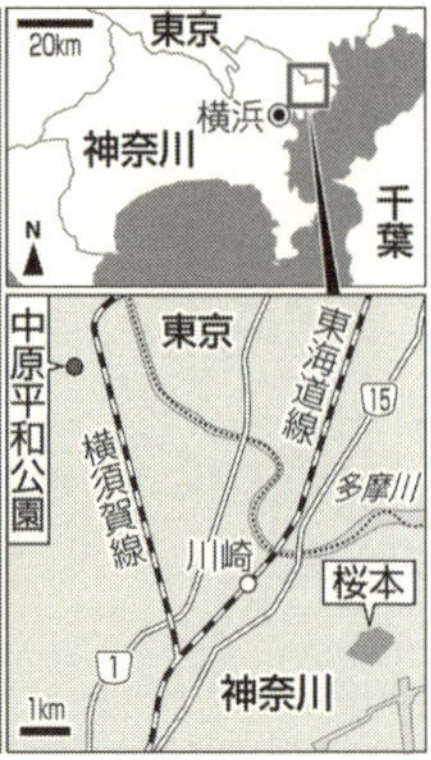

「出会い直そう」

この日のデモ直前、人混みをかき分け、主催する男性と相対し、手紙を渡した在日コリアン3世がいる。川崎区桜本に住む崔江以子さん（1973年生まれ）。手紙の内容はこうだ。

「私たちの出会いは悲しい出会いでした。あなた方は『出ていけ。帰れ』と言いますが、私は帰る場所もないし、出ていくつもりもありません。今このときを生きる1人の人間同士として出会い直しませんか。あなたとあなたの家族の安寧な生活を、幸せな生活を心から祈っています」

受け取った男性は「後で読む。考えておく」と答え、デモを決行した。返事は今も来ていない。

崔さんは子どものころ、日本名で暮らす「隠れコリアン」だった。本名を名乗っていた中学の同級生が「キムチくさい」といじめられるのを見て、日本人になりたいと願ったこともある。

高校3年のとき、教師から日本人と在日外国人の交流を進める地元の施設へ誘われた。そこでは、若者たちが当然のようにそれぞれの本名を名乗り、親しく遊んでいる。自分を隠す必要はない、と背中を押された気がした。崔さんはその年の秋、日本名を捨てた。

卒業すると、自分のアイデンティティーを確かめるため、韓国に留学した。だが日本生まれの崔さんは外国人扱いされた。「私は韓国人でも日本人でもない」。崔さんは思った。「私は在日コリアンなんだ」

「殺せ」も表現の自由か

だからこそ2013年春、JR川崎駅前で、在日コリアンに向けて「死ね」「殺せ」と叫ぶデモに初めて遭遇したとき、恐怖におののいた。家へ逃げ帰り、それ以来外出のたびにデモの予定を調べ、その場所を避けた。

闘うことを決意したのは15年11月、崔さんら在日コリアンが多く暮らす桜本にデモ隊が矛先を向けたときだ。中学生の長男（02年生まれ）が聞きつけ、止めに行くという。「大人なら話せば分かってくれるよ」。その

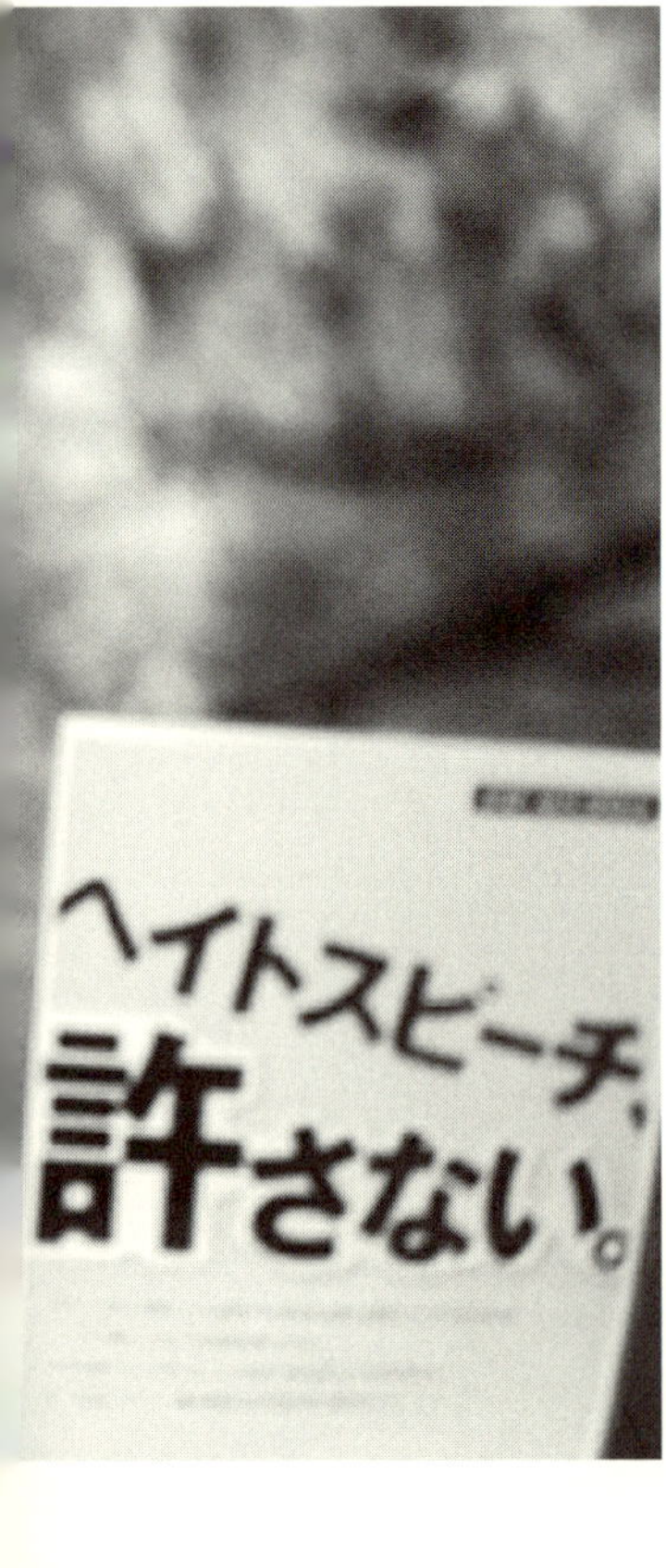

崔江以子さんはデモ中止後、
抗議に集まった人たちに涙ながらに感謝の気持ちを語り
「共に生きよう」と呼び掛けた
＝2016年6月5日、川崎市中原区の中原平和公園前
（撮影・堀誠）

言葉に動かされ、崔さんも現場へ向かった。大勢が抗議したが、デモは止まらなかった。沿道にたたずむ長男のほおを涙が伝っていた。

長男は「差別をやめてくださいと抗議している僕らを指さして、あざ笑っていた。失望と悔しさから自然に涙が出てしまった」と振り返る。

「傷つく息子や町の人を見て、もう逃げないと決めた」。崔さんはデモの情報をつかむと、市や警察に中止を直談判した。しかし「根拠法がなく対策は難しい」とはねつけられるばかり。「『死ね』や『殺せ』も表現の自由か」と問い続けた。

16年3月、崔さんは国会でこの苦しみを訴えた。「デモで私の心は殺された。命の危険を感じます。国が差別は違法だと宣言してほしい」

その思いは議員に届き、ヘイトスピーチ対策法が成立した。川崎市に住む在日1世の女性は国会の傍聴席で「またデモが来るなら法律ができた意味がない。子や孫をこれ以上傷つけたくない」と語った。警察や行政の対応は一変し、手紙を渡したあの日以降、川崎で同様のデモはなく、市では、事前規制のガイドライン策定も進んでいる。

楽観できない

ただ、先陣を切って差別に抵抗する崔さんに対し、ネット上ではヘイトスピーチが投げ付けられている。「祖国に帰れ」「死ねばいい」。こうした罵詈（ばり）雑言を恐れ、自分の考えを発信することを何度ためらったことか。

17年3月には、対策法廃止など排外主義政策を掲げる「日本第一党」の最高顧問が川崎市でヘイトに関する講演会を開くと予告。市などに対策を求めた崔さんの勤務先には「朝鮮人は帰れ」と脅迫の電話もあった。

講演会では、明確なヘイトはなかったものの、予告だけで崔さんが受けた心の傷は大きい。

日本第一党の党首は16年の東京都知事選に立候補し「外国人の生活保護は

違法」「出て行ってもらう」などと演説して、11万票以上を獲得した桜井誠氏（1972年生まれ）だ。

「あの演説が許されるなら、法律は十分じゃない」と崔さん。日本第一党の候補が選挙で当選するようなことがあれば…。「状況は楽観できない。安心するのはまだ早い」

（石嶋大裕）

History

表現行為事前差し止めは限定的

言論、出版など表現行為による名誉毀損（きそん）には、刑事罰や民事の損害賠償責任がある一方、憲法が保障する「表現の自由」との調整が必要となる。

刑法の規定や最高裁の判例により、内容が①公共の利害に関する事柄、②もっぱら公益を図る目的、③真実であるか、真実と信じる相当な理由があるとき―は罪に問われず、賠償責任も負わない。

出版などの事前の差し止めは「内容が真実でなく、もっぱら公益を図る目的でないことが明白であって、かつ重大にして著しく回復困難な損害を被るおそれがあるとき」に限定されている。

こうした差し止め判断の枠組みは、元北海道旭川市長が1979年に名誉権を侵害されるとして、雑誌「北方ジャーナル」の発行差し止めを求める仮処分を申し立て、札幌地裁が認めたことを巡る賠償請求訴訟の上告審判決（86年6月）で、最高裁大法廷が示した。

18.

なくせ貧困、不幸比べ
最低賃金一律１５００円を求める
藤川里恵さん、橋口昌治さん

約１５００人が七つの隊列に分かれ、東京・新宿駅の周辺をデモ行進した。２０１７年4月15日午後。先頭は20代中心のグループ「エキタス（ＡＥＱＵＩＴＡＳ、ラテン語で『公正』や『正義』の意味）」のメンバーたちだ。スピーカーを積んだ車が先導し、ラップのリズムに合わせて次々にコールする。

「全国一律、最低賃金（時給）１５００円、上げろ」「憲法25条を守れ」「中小企業に税金回せ」「払った税金で格差をなくせ」「保育士、介護士給料上げろ」「過労死許すな」「貧困知らない政治家選ぶな」「ブラック企業とっとと消えろ」

中小企業支援も必要

エキタスは米国の労働者が時給15ドル（約1600円）の最低賃金を求めた運動「ファイト・フォー・15」に刺激され、大学生らが2015年9月に結成。最低賃金1500円を要求してきた。

コールがひと休み。エキタスメンバーの藤川里恵さん（1992年生まれ）が語り掛ける。「千円ではなく、1500円を求めるのは、ちょっと夢があるから。夢があるというのはリアリティーがあるということ。モヤシと鶏肉以外が食べたい。子どもに好きな物を買ってやりたい。親孝行がしたい…」

藤川さんによれば、2016年度の最低賃金823円（全国加重平均）で週40時間、年52週、祝日も含めて働いても年収は171万円。1日3度の食事も難しく、具合が悪くても病院へ行けない。

それが1500円になると300万円を超え、祝日や正月は休んで、税金や保険料を引かれても250万円は残る。

藤川さんは「病院にも行ける。貧困で狭い選択肢しかない人や『あの人よりまし』と不幸比べをしている人たちが変われる。ただ中小企業には、保険料を軽くするなどの支援が必要」と説く。

歯科技工士の父は給料が安く、新聞配達とのダブルワークだったが、配達中に負傷して失業。藤川さんは奨学金を借り、スーパーなどでバイトをしながら高校と大学を出た。月約1万5千円の奨学金返済は30年続く。

「魂の叫び」

コールのマイクを握った大学生の女性は、高校のときに通った塾の講師や友人の影響で、原発や貧困などの問題に関心を持つようになり、エキタスへ。「先輩は1年間休学して学費を稼いでいる。働かなくてはならず、時間がなくて声を上げられない人がいる。私のように動ける時間のある人間が動く」

作家・活動家の雨宮処凛さん（1975年生まれ）は2015年12月に初めてエキタスのデモに加わり、藤川さんが「不幸比べや我慢大会はやめませんか」などと訴えたスピーチを聞き、鳥肌が立ったという。

「魂の叫びのようだった。反貧困運動を続けてきた身としては、若い当事者から声が上がったことがうれしく、だけど10年間運動しても状況が変わらず、若者が

先導者に続き、デモのほぼ先頭を歩く藤川里恵さん＝2017年4月15日、東京都新宿区（撮影・堀誠）

立ち上がらざるを得なかったことに責任も感じた」。この日の新宿のデモにも、雨宮さんの姿があった。

　エキタスは京都や名古屋にもある。京都のメンバー橋口昌治さん（１９７７年生まれ）は２０１７年1月25日、非常勤講師を務めてきた大阪国際大（大阪府守口市）で「働く人の健康と権利」の最後の講義に臨んだ。

　15年12月の藤川さんのスピーチを収録したビデオを学生に見せ「生活を守るため、権利を獲得するため、デモも一つの手段」と伝える。

経済好転の成功例、欧米に

また橋口さんは「ファイト・フォー・15」のデモなどによって米国のワシント

ン州シアトル市やニューヨーク州、カリフォルニア州で最低賃金が15ドルへ段階的にアップすることや、ニューヨーク市のファストフード店などは先行して昇給したことを教える。

その上で「経済が回らないのではという不安があったが、昇給で客が増え、売り上げがアップした。欧州でも時給を上げて地域経済が活性化している」と解説した。終了後、学生たちは橋口さんの講義で「貧困の重大さを知った」「ブラック企業には行きたくない」などと話した。リポートに「父の仕事の大変さが分かった」と書いた学生もいたという。

橋口さんは労働社会学の研究者を目指して大学院で学ぶ一方、個人で加盟する組合（ユニオン）の活動に関わってきた。

賃下げを通告された塾講師や利益優先を批判して解雇された介護職員、パワハラを受けた派遣社員らから相談を受け、雇用者側との団体交渉に参加。労働者をただの「コスト」としかみていない雇用者側に腹立つことも多かったという。

「安売り競争のため、商品に適正な値段を付けない。労働者には適正な給料を払わないから、将来が不安になる。それが消費を低迷させ、さらに薄利多売となって悪循環に。最低賃金を１５００円にすることで消費は上向き、経済は好転する」と橋口さんはみている。

（竹田昌弘）

《追記》厚生労働省によると、２０１８年度の最低賃金は全国加重平均が８７４円で、高い順に東京都９８５円、神奈川県９８３円、大阪府９３６円。最も安いのは７６１円の鹿児島県。

大阪国際大で講義する
橋口昌治さん
＝2017年1月25日、
大阪府守口市（撮影・上所啓二）

History

最低賃金制度整備、条約の 31 年後

最低賃金は法律に基づいて賃金の最低額を決定し、労働者にはその額以上の賃金を支払わなければならないとする制度。国際労働機関（ILO）が 1928 年、最低賃金決定制度条約を採択。日本は中小零細企業が多いなどとして加入せず、法整備もしなかった。

連合国占領下の 47 年 2 月 1 日には、官公庁や国鉄などの労働者が賃上げや最低賃金制度を求めてゼネストを計画したが、連合国軍総司令部（GHQ）が中止を命じた。

日本で最低賃金法が制定されたのは 59 年。憲法 25 条の「健康で文化的な最低限度の生活を営む権利」や 27 条の勤労の権利を実現するには、少なくても最低賃金千円が必要として、神奈川県内の労働者らが 2011 年、神奈川労働局長に千円以上の決定を命じるよう求めて提訴。一、二審では、訴訟の対象となる行政処分ではないとして却下され、労働者側は上告している。

19.

平和の理想郷どこに 続く沖縄差別に憤る元裁判官、仲宗根勇さん

「辺野古新基地をつくるな」「強制排除をやめろ」。２０１７年５月18日午前９時前。米軍普天間飛行場の移設先とされる沖縄県名護市辺野古の米軍キャンプ・シュワブのゲートで、県警機動隊員が、集まった１００人のうち出入り口に座り込む市民の強制排除を始めた。

数人がかりでごぼう抜きにし、空いた空間から工事車両を入れる。「痛い、触るな」「機動隊は帰れ」。現場は騒然とし、怒号が飛び交う。

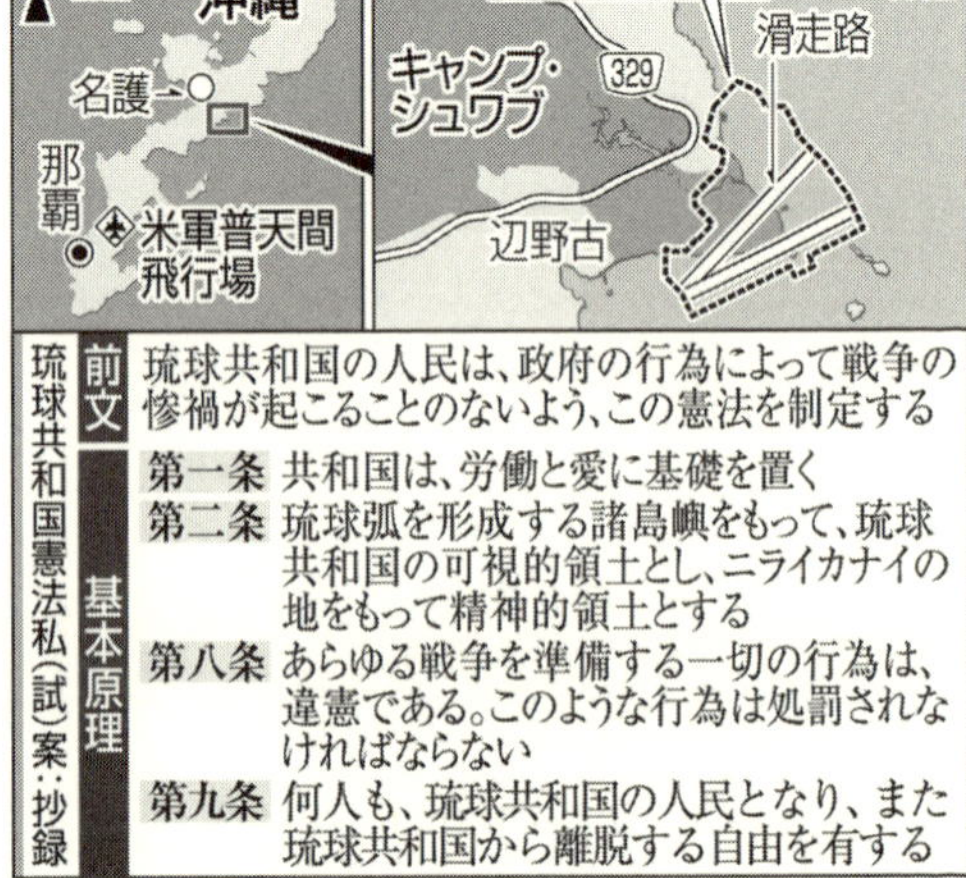

琉球共和国憲法私(試)案・抄録

前文　琉球共和国の人民は、政府の行為によって戦争の惨禍が起こることのないよう、この憲法を制定する

基本原理

第一条　共和国は、労働と愛に基礎を置く

第二条　琉球弧を形成する諸島嶼をもって、琉球共和国の可視的領土とし、ニライカナイの地をもって精神的領土とする

第八条　あらゆる戦争を準備する一切の行為は、違憲である。このような行為は処罰されなければならない

第九条　何人も、琉球共和国の人民となり、また琉球共和国から離脱する自由を有する

屈辱の日

「問答無用ですね。こんな状況は沖縄以外ではあり得ない。工事強行は沖縄差別そのものですよ」。同県うるま市からバスで参加した元裁判官仲宗根勇さん（１９４１年生まれ）は憤然と語る。うるま市具志川九条の会共同代表として、週に2回辺野古に通う。

同月20日朝も仲宗根さんは現地行動に参加。憲法９条に自衛隊を明記する安倍晋三首相の改憲提案を、マイク演説で批判した。「安倍は９条に自衛隊合憲の第3項を加えるという。戦力不保持の2項との整合性が全くない。ばかじゃないか！　憲法を破壊する行為だ」

激しい口調に怒りが噴出する。沖縄の裁判所職員から簡裁判事に任官して福岡、東京などで勤務。２０１０年末に退官後は読書三昧の生活を送るはずが、沖縄の状況がそれを許さなかった。

13年4月28日、政府はサンフランシスコ講和条約が１９５２年に発効したこの日を「主権回復の日」として式典を行った。だが、沖縄では米統治下に切り離された「屈辱の日」と呼ばれる。同日、沖縄で開かれた県民大会では1万人が「がってぃんならん（合点がいかない）」と抗議の沖縄言葉を連呼した。

会場にいた仲宗根さんも「怒りで体が震えた」と言う。「沖縄と9条はそもそもバーターの関係だ。日本の平和は沖縄の軍事基地化とセットで、日本はそのために沖縄を米国に差し出した。政府がその日を祝うのは、あからさまな沖縄への挑戦と感じた」

化外の民

憤りにせかされるように、仲宗根さんは辺野古での行動と、現代沖縄を再考する文筆活動を始める。翌年の著書「沖縄差別と闘う」では、日本にとって沖縄が「化外（けがい）の民」（異族）と断じた。「米軍北部訓練場の反対行動で機動隊員の『土人』発言もあった。本土は今も無意識に沖縄を異族視している。本土で決して受け入れない新基地を辺野古に強行するのはそのためだ。憲法14条の法の下の平等さえない」

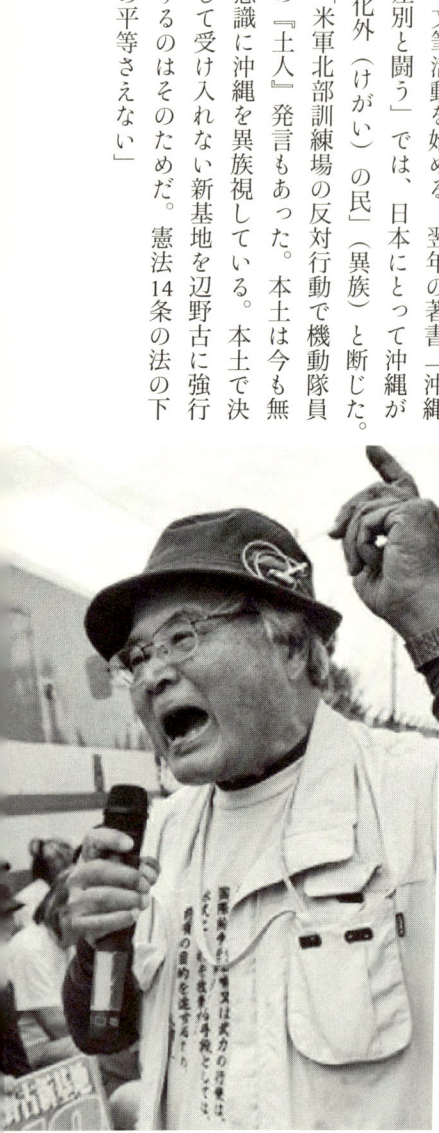

「安倍政権は憲法の平和主義を
破壊しようとしている」と、
米軍キャンプ・シュワブ前で熱弁を振るう
仲宗根勇さん
＝2017年5月20日、沖縄県名護市
（撮影・堀誠）

沖縄は72年、敗戦から27年間の米軍支配を経て復帰する。「平和憲法の下への復帰」という願いをよそに広大な基地は残された。だが仲宗根さんには意外ではなかった。復帰の過程を批判的に見つめる「反復帰論」の論者として、その現実を予期していたからだ。

「復帰運動の『母なる祖国』という幻想でいいのかと、問い続けた。残ったのは、沖縄の現実を見ようとしない本土の状況への絶望感だった」

共に「反復帰論」を主導したジャーナリストの新川明さん（1931年生まれ）も「復帰運動は日本に過大な幻想と期待を寄せた。だが日本の平和憲法は米軍による沖縄占有を前提として成り立った。その状況が、本土でどこまで理解されてきたか」と問う。

新川さんらは復帰後9年の81年、沖縄タイムス社の当時の文化総合誌「新沖縄文学」で、日本と異なる「琉球」社会のあるべき姿を「憲法」という形で考える特集を立てた。「琉球共和国へのかけ橋」と題され、仲宗根さんは「琉球共和国

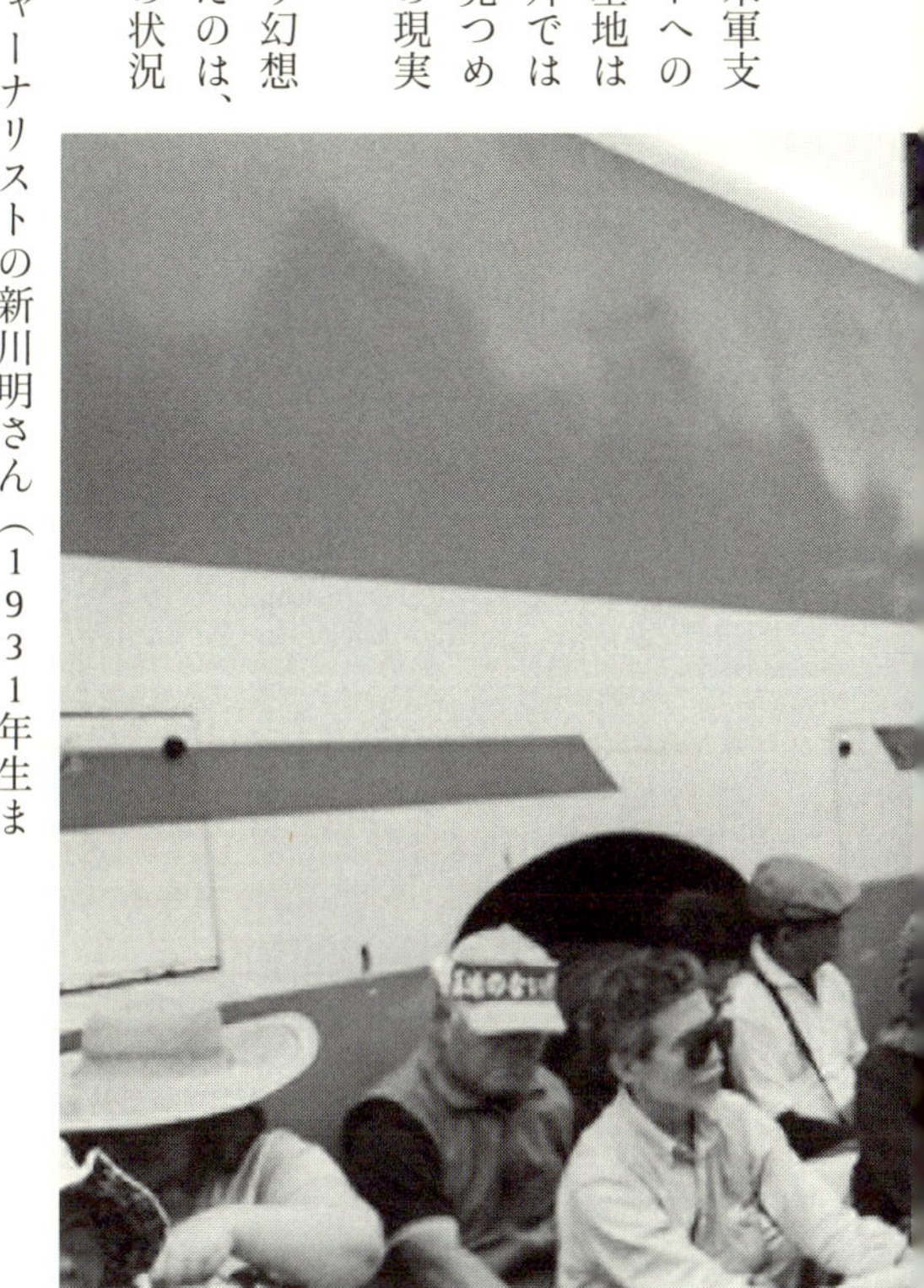

憲法私（試）案」という文章を寄せた。前文と基本原理９カ条で成り「戦争を準備する一切の行為は違憲」、さらに沖縄で海のかなたにあるとされる理想郷「ニライカナイ」を「精神的領土」とした。

仲宗根さんは「沖縄では古来、島の現実が厳しいほど、海の向こうに理想郷があると信じられた」と言う。理想社会は海のかなたにある…。ならば今ある現実とは何か。

反基地の根っこ

「私は戦中にサイパンで父や兄を亡くした。基地のないところに弾は落ちない」「軍は住民を守らない。その感覚が沖縄に刻み込まれている」。２０１７年５月18日のゲート前。参加者は自らの戦争体験、あるいは伝え聞いた戦争の実感を口にする。

仲宗根さんも沖縄戦で多くの親族を亡くした。「犠牲になるのは住民。沖縄戦でも住民はいわば一気に〝蒸発〟した。基地が狙われれば、ミサイル一発でそうなる。それが沖縄の反基地感情の根っこに結びつく」

米軍キャンプ・シュワブのゲート前で、座り込む市民を移動させようとする沖縄県警の機動隊員ら。「ウチナーンチュ（沖縄人）として恥ずかしくないの」と機動隊員を諭す市民も＝2017年5月18日、沖縄県名護市（撮影・堀誠）

沖縄戦では住民の4人に1人が亡くなったと言われる。その記憶は度重なる基地被害と米兵犯罪で呼び覚まされ、6月23日の「慰霊の日」には、県内が深い追悼に包まれる。戦後72年、復帰から45年を経てなお戦争の記憶のただ中にある沖縄に、矛盾に満ちた憲法と現実との関係が映し出されている。

（金子直史）

《追記》取材・執筆した共同通信文化部編集委員の金子直史さんは2018年9月13日、病気のため急逝されました。衷心よりご冥福をお祈りいたします。

History

日米安保条約、司法審査の範囲外

沖縄県で米兵による少女暴行事件があった1995年、当時の知事は米軍用地の強制使用に必要な「代理署名」を拒み、国が裁判を起こした。知事側は裁判で「米軍用地の強制使用は憲法違反」などと反論した。

最高裁は長官と全判事による大法廷で審理。96年の判決で知事に代理署名を命じるとともに、日米安保条約には、国の存立に関わる高度の政治性があり「一見極めて明白に違憲無効でない限り、司法審査権の範囲外」とする59年の砂川事件判決を踏襲し、強制使用も違憲ではないと判断した。

米軍普天間飛行場の辺野古沖移設を巡る裁判でも、知事側は「新基地建設強行は県の自治権を侵害し、建設に必要な法律もなく違憲」と訴えた。

しかし、最高裁第2小法廷は2016年12月、理由なしの決定で違憲の主張を退け、判決で公有水面埋立法の解釈などを示して国勝訴を確定させている。

20.

権力側から描くな　若松孝二監督の遺志継ぐ三女、尾崎宗子（のりこ）さん

本番まで8日。東京・板橋の演劇用フリースペースでは、2017年3月1日夜も舞台版「実録・連合赤軍　あさま山荘への道程（みち）」の稽古が続いていた。

場面は1971年12月の山岳アジト。赤軍派と革命左派の共闘組織「連合赤軍」を一つの党派にしよう――。赤軍派のリーダー森恒夫元被告（73年、28歳で獄中自殺）が提案する。革命左派のリーダー永田洋子元死刑囚（2011年、65歳で病死）は快諾し「私たちは、きょうから『われわれ』になったのよ」と革命左派のメンバーに語り掛けるが、みんなキョトンとしている。

若松孝二さんの主な監督作品

※写真は若松プロダクション提供

1965年	「壁の中の秘事」
66	「胎児が密猟する時」
69	「処女ゲバゲバ」題名は大島渚さん
	「ゆけゆけ二度目の処女」
72	「天使の恍惚」
82	「水のないプール」主演の内田裕也さんが連続レイプ事件の犯人役
92	「寝盗られ宗介」
95	「エンドレス・ワルツ」
2008	「実録・連合赤軍 あさま山荘への道程」ベルリン国際映画祭で2冠
10	「キャタピラー」ベルリン国際映画祭で主演の寺島しのぶさんが銀熊賞
12	「11.25自決の日 三島由紀夫と若者たち」カンヌ国際映画祭招待
13	「千年の愉楽」ベネチア国際映画祭招待、これが遺作に

ろうそくに魂

「メンバー一人一人の目を見ようよ。喜んでないのを見て（次のせりふの）『うれしくないの？』に続く」。演出家のシライケイタさん（１９７４年生まれ）は役者にそう言いながら、腰をかがめて一人一人の目を見回してみせた。

２０１６年３月から続く映画監督、若松孝二さん（12年、76歳で死去）の「生誕80年祭」のファイナルとして、同じ題名の映画を舞台化する。プロデューサーは若松さんの三女尾崎宗子さん（１９７３年生まれ）だ。

映画と同様、山岳アジトで森元被告らはメンバーに「総括」と呼ぶ自己批判を強制し、リンチを加えて12人を殺害。森元被告と永田元死刑囚の逮捕後、残ったメンバー５人が山中を逃走し、あさま山荘に立てこもった一連の事件を演じる。

上演開始を明後日に控えた２０１７年３月７日。会場となる新宿の劇場で役者の立ち位置や照明、音楽の入れ方などを確認する「場当たり」があった。

リンチの場面では、１人亡くなると、ろうそく１本に火を付けていく。

シライさんが「どうすれば、被害者の魂に寄り添えるか。舞台でしかできない演出」として考えた。役者とろうそくの位置や暗転のときの火の消し方なども確かめる。

尾崎さんは客席がL字形のため、席によって見え方が違うと注意した。迎えた同9日の初日。昼の部終了後、シライさんは「密室の場面が多いので、演劇向きだが、役者20人という大人数。当初バラバラでうまくないし、大丈夫かと思ったが、勝手によくなっていった」と笑顔を見せた。

仲間との共通感覚、大事に

若松さんは映画「実録～」のパンフレットで、撮ろうと思ったきっかけは、警察官僚が主人公の映画『突入せよ！「あさま山荘」事件』（02年）を見たことだと明かし、次のように語っている。

「山荘内部の若者のことを何も描いていないでしょう（中略）なぜあそこに立てこもって銃撃戦を繰り広げたのか、見た人は何もわからない。表現をする者は、権力側から描いたらダメですよ」

あさま山荘事件で逮

「場当たり」の稽古を見つめる尾崎宗子さん（上）。「証明が付くと、暗転で隠れた役者のお尻が見える」などと指摘した＝2017年3月7日、東京都新宿区（撮影・牧野俊樹）

捕後、日本赤軍による立てこもり事件の超法規的措置で釈放され、国外に出た坂東国男容疑者（1947年生まれ）＝国際手配中＝に若松さんはレバノンで会い、山岳アジトや山荘内の出来事を詳細に取材した。

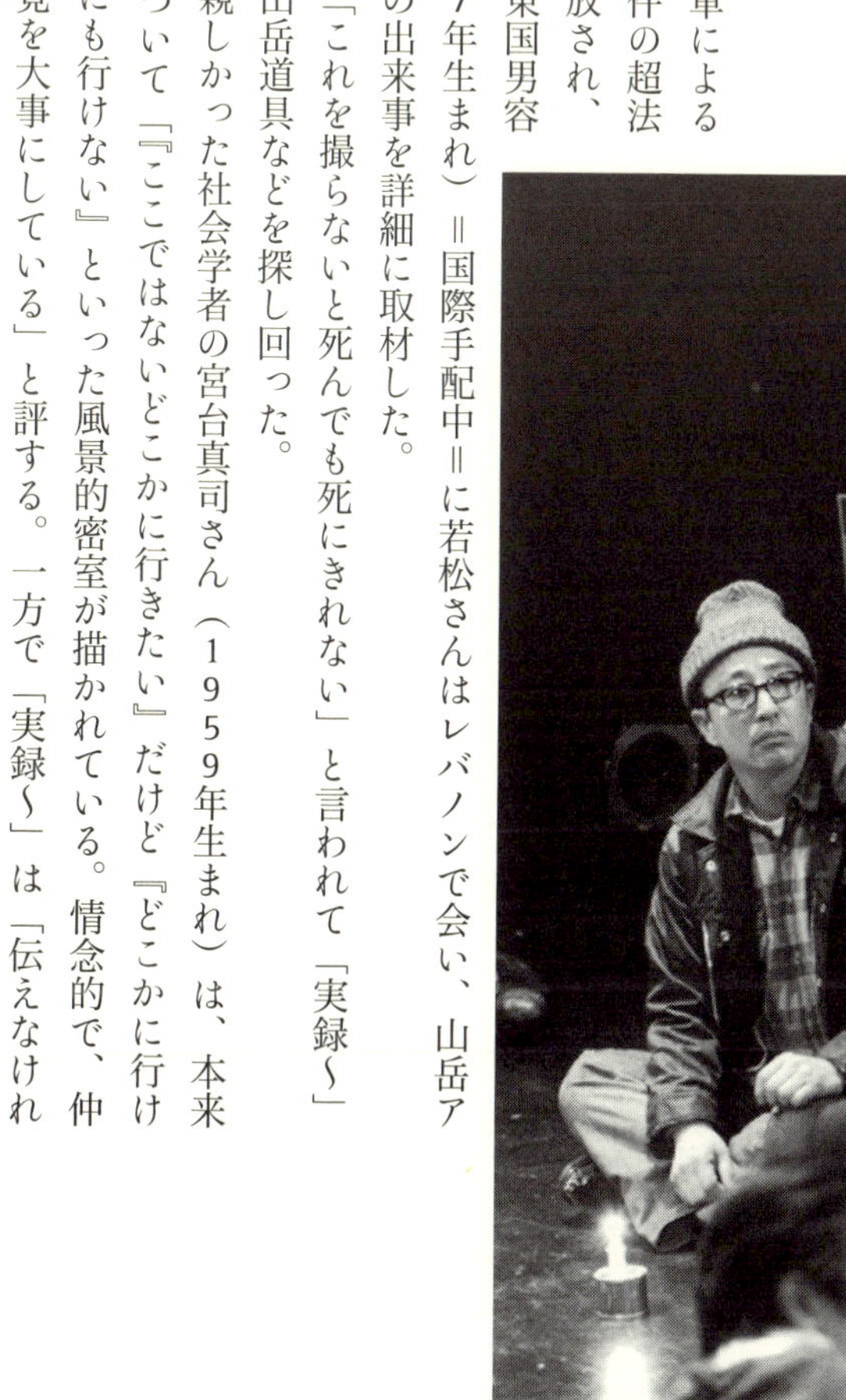

尾崎さんは「これを撮らないと死んでも死にきれない」と言われて「実録〜」に出資。古い山岳道具などを探し回った。

若松さんと親しかった社会学者の宮台真司さん（1959年生まれ）は、本来の若松作品について「『ここではないどこかに行きたい』だけど『どこかに行けそうで、どこにも行けない』といった風景的密室が描かれている。情念的で、仲間との共通感覚を大事にしている」と評する。一方で「実録〜」は「伝えなければいけないという思いが強かった」。

闘った若者の記録残す

12年公開の映画「11・25自決の日　三島由紀夫と若者たち」も、宮台さんは

「らしくない」とみる。若松さんは共同通信記者に「左でも右でも権力と命懸けで闘った若者の記録は残しといてやらないとな」と語っていた。

三島を演じた井浦新さん（1974年生まれ）は、一緒に割腹自殺する森田必勝が血判状を渡すシーンを何度も撮り直したのを覚えている。「人に命を預けるとき、そんなんじゃないだろう」と若松さんが納得しなかったからだ。

60年代にデビューした若松さんの映画は反権力や暴力、エロスをテーマに100本を超える。仕事に専念するため、東京の事務所で寝泊まりし、千葉の自宅には月2、3回しか帰らなかった。

尾崎さんには、それが自由で楽しそうに見え、昔の作品も面白く感じたという。「家族の中で唯一父に言いたいことが言えたのが私で、父と一緒に仕事ができるのは私しかいないと思っていた」。20代半ばから若松さんの仕事に関わり、結婚して子ども2人を育てながら続けてきた。

若松さんは「おれが死んでも映画は残る」「映画に時効はない」が口癖だった。原発、沖縄戦、731部隊、

白虎隊…。撮りたい映画のテーマを幾つも話していた。
尾崎さんと若松さんに師事した元スタッフ、作品に出た役者たち「若松組」は２０１８年、遺志を継ぐ作品を公開する予定だ。

（竹田昌弘）

《追記》若松監督の遺志を継ぐ作品は「止められるか、俺たちを」。２０１８年10月に公開された。１９６９年に若松プロダクションに入った女性（門脇麦さん）の目を通し、若松監督（井浦新さん）ら映画人の生きざまを描いている。監督は若松プロ出身の白石和彌さん。

舞台版「実録・連合赤軍
あさま山荘への道程」の会場前で、
若松孝二さんの遺影を囲む井浦新さん（左）、
元助監督で、その後「凶悪」などを監督した
白石和弥さん（中央）、
晩年の作品のキャスティングを手掛けた
小林良二さん（右）
＝2017年3月19日、東京都新宿区
（撮影・牧野俊樹）

History

「愛のコリーダ」事件、大島渚さんら無罪確定

恋人の下腹部を切り取った阿部定事件を題材にした映画「愛のコリーダ」のスチール写真や脚本を掲載した書籍を巡り、監督で著者の大島渚さん（2013年、80歳で死去）らが1977年、わいせつ文書図画販売などの罪に問われた。

わいせつ文書は最高裁判例で①性欲の興奮、刺激を来す、②羞恥心を害する、③善良な性道徳に反する―と定義されている。

二審東京高裁は82年6月の判決で、憲法21条の表現の自由を踏まえ、わいせつ文書の認定には、扇情的な手法で露骨、詳細な性表現があり、性的描写の比重や思想性・芸術性との関連などを全体的に考察しても①〜③に該当する必要があるという具体的な基準を示した。その基準によれば、書籍はわいせつ文書に当たらないとして一審と同様に無罪を言い渡した。検察側は上告せず、確定した。

若松孝二さんは映画「愛のコリーダ」のプロデューサーだった。

21.

今を精いっぱい限界集落で挑戦を続ける山中満寿夫さん、三浦由美子さん

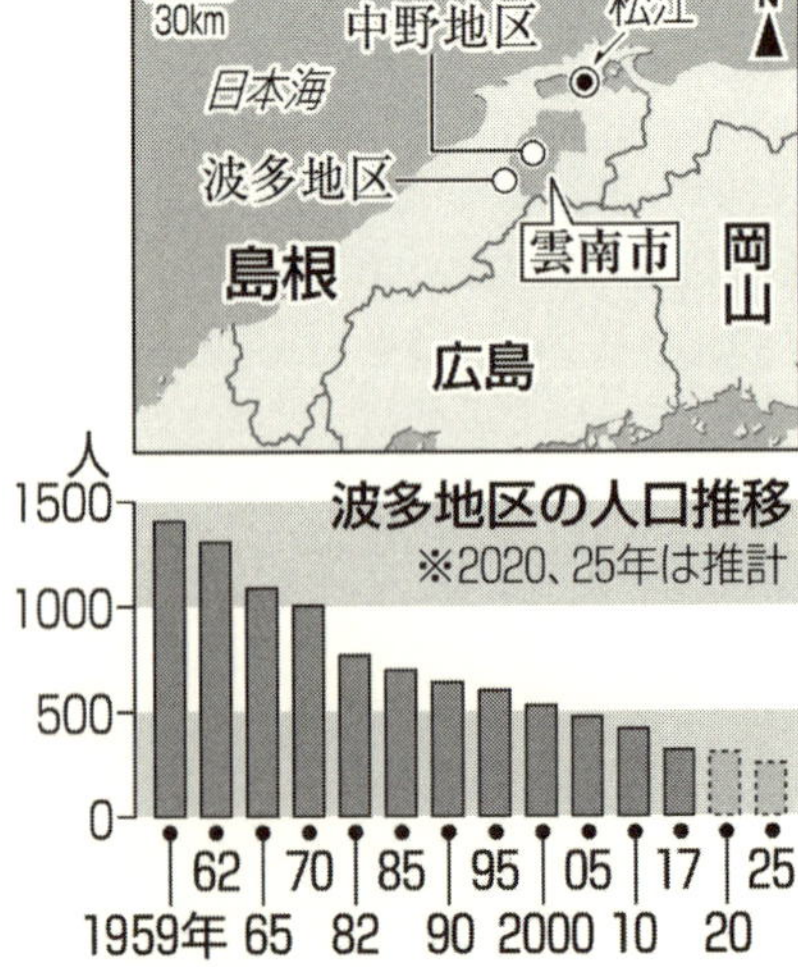

市の中心部から車で40分、棚田の向こう、山に挟まれた川沿いには50戸ほどの集落が広がる。狭い道路の両側には少し古い建物が並んでいた。

「この家は最近まで店を続けてくれた。ここは理髪店、あそこがお医者さん、魚屋さん…」

２０１７年の夏が近い日、山中満寿夫さん（１９４５年生まれ）が歩きながら懐かしそうに指さす。この山村が豊かだった小学生の頃の風景が見えるようだ。木を切り、炭を焼き、カイコを飼い、農耕用の牛を売買する市も立った。「この道には旧国鉄のバスが走っていた時期もあるんですよ」

買い物難民

島根県雲南市にある波多地区の人口は２０１７年３月末で３１６人、１４５世帯。65歳以上の高齢者が半数を占め、25年の人口は２５０人になると予想される。山中さんは市の認可を受け法人格を持つ「波多コミュニティ協議会」の会長だ。

高台に見える旧波多小学校には、協議会の事務局と経営する14年10月開設の「はたマーケット」がある。

「地区で最後の商店が閉まった後、東京の全日本食品から小型スーパーを開かないか提案を受けました。冷蔵施設や商品の購入など開店資金は約５００万円かかる。県からの補助金や借入金で何とか賄いました」

商品は約８００点。全日食から買い取るので、売れ残ると損になる。売り上げは年間１６００万円程度あり「酒の販売を始めて売り上げが伸びています。やっぱり自分の手で触って買いたいという気持ちを満たしてあげることは大きい。高齢者も元気になりました」。

送迎もある。当初は実費相当、片道１００円を受け取っていたが、今は無償にして店に募金箱を置いた。自分たちで運営する小売店と送迎は、限界集落に住む高齢者を買い物難民にしない、今を精いっぱい生きるための一つの答えだ。

17年6月1日午前10時、市内の中野地区にある「笑（え）んがわ市」がオープン。週に1度、近所の人が農産物などを持ち込み委託販売する。移動販売の魚屋も来た。電動カートに乗った人も含め、高齢者が次々と集まってくる。

目当ては買い物だけでない。200円を払って奥の部屋に入ると、テーブルに手づくり料理や菓子。約30人が座ると笑い声で会話も聞こえない。

「地区で唯一の買い物場所だった農協の店舗が閉鎖されることを知り、みんなが集まれる場所を残したかったんです」と笑ん

がわ市の代表、三浦由美子さん（１９５３年生まれ）。思い付いたのが産直販売とサロンだ。名前には「縁側でお茶を飲みながら、笑顔があふれる地域に」という思いを込めた。「来ない人があると、心配して声を掛けに行きます」

雲南市内では全30地区に地域福祉、地域づくり、生涯学習の三つの役割を担う「地域自主組織」が結成され、市は平均９００万円弱ずつ交付して活動を支える。「人口縮小社会では一人一人の役割が重要です。住民、行政がそれぞれできることをして互いに補完し、自治力を回復していきたい」と雲南市地域振興課の板持周治さん（１９６８年生まれ）。

特定の人、カリスマに頼ることもない。住民が自分たちの地域のことを担う方式は「小規模多機能自治」と呼ばれ、全国から注目される。「ここで自分の役割を探したい」と遠くから移住してくる若者も出てきた。

１日は実践を学ぶ２泊３日の「雲南ゼミ」のため、自治体やＮＰＯの職員ら14

島根県雲南市波多地区の生活を維持するため活動する山中満寿夫さん＝2017年6月2日（撮影・小沢亮介）

人が視察に来た。活況に驚き「成功の秘訣は無理しないこと」だと知り大きくうなずく。

板持さんが言う。「食品販売だと毎日開こうとする。それでは人件費がかかり、みんなにも負担。週1度、お昼の2時間ぐらいがいいようです」。年金として地域に入ったお金の一部が農家の収入に。小さいけれど立派な経済の循環だ。

耕作放棄地

波多コミュニティ協議会の年間予算は5千万円。約半分を雲南市からの交付金や市から温泉施設の管理運営を請け負うことなどで賄う。残りはマーケットの売り上げだ。パートも含め計17人を雇用する地区で最大の〝会社〟でもある。

「こちらが出せるのはお小遣い程度。年金収入がある人ならいいが…」。山中さんの表情は暗い。「年金の支給開始年齢が上がって65歳までは会社で働かなければならない。だから60前後で退職し働い

島根県雲南市中野地区で開かれた「笑んがわ市」＝2017年6月1日（撮影・小沢亮介）

てくれる人がなかなか見つからない」

山中さんは松江市の高校を出て東京の大学を卒業し、旧掛合町役場に入った。「私は長男だから戻ることを考えたが、子どもたちには、無理強いしていません」

最大の課題は働く場所がないこと。「次の会長は会社を起こすとか、増える耕作放棄地に対応するため農業法人の仕事をするとか考えないと」。挑戦しなければ消滅を待つだけになる。そこに山村の現実がある。

（諏訪雄三）

History

地方公共団体には共同体意識、自治の基本機能必要

東京都の特別区長は1947年の第1回統一地方選などで直接選挙を実施後、区議会が知事の同意を得て選任する方法に変わった。57年に渋谷区長選任を巡る汚職があり、一審は区議会による選任を違憲と判断した。被告は無罪となり、検察が二審を省く跳躍上告をした。

最高裁は63年3月の判決で、憲法上の「地方公共団体」の要件として、①住民が経済的文化的に密接な共同生活を営み、共同体意識を持つという社会的基盤がある、②相当程度の自主立法権や行政権、財政権など地方自治の基本的機能が与えられている—などを挙げた。

その上で、特別区は②の各自治権に制約があるなどして、地方公共団体と認めず、一審判決を破棄、審理を差し戻した。

75年に区長の直接選挙が復活し、自治権拡充運動なども展開され、特別区は地方自治法の99年改正で「基礎的な地方公共団体」と定められた。

22.

闘って正しさ証明
組織に屈しない内部告発者、小川和宏さん

冬晴れの２０１７年２月３日、東京地裁で国に損害賠償を求めた、ある訴訟の証人尋問があった。裁判官や弁護士が見守る中、金沢大医学系准教授、小川和宏さん（生年非公表）の声が響いた。「少女の死亡事例は、医療安全を担う厚生労働省が放置していい問題ですか」。証言席の元厚労省職員は「放置していいとは思っていません」と応じた。

大学病院内で伏せられていた死亡事例。厚労省に内部告発した小川さんの情報をこの元職員が大学側に漏らした。小川さんは職場でひどい目に遭う。尋問は２人の直接対決の場となった。

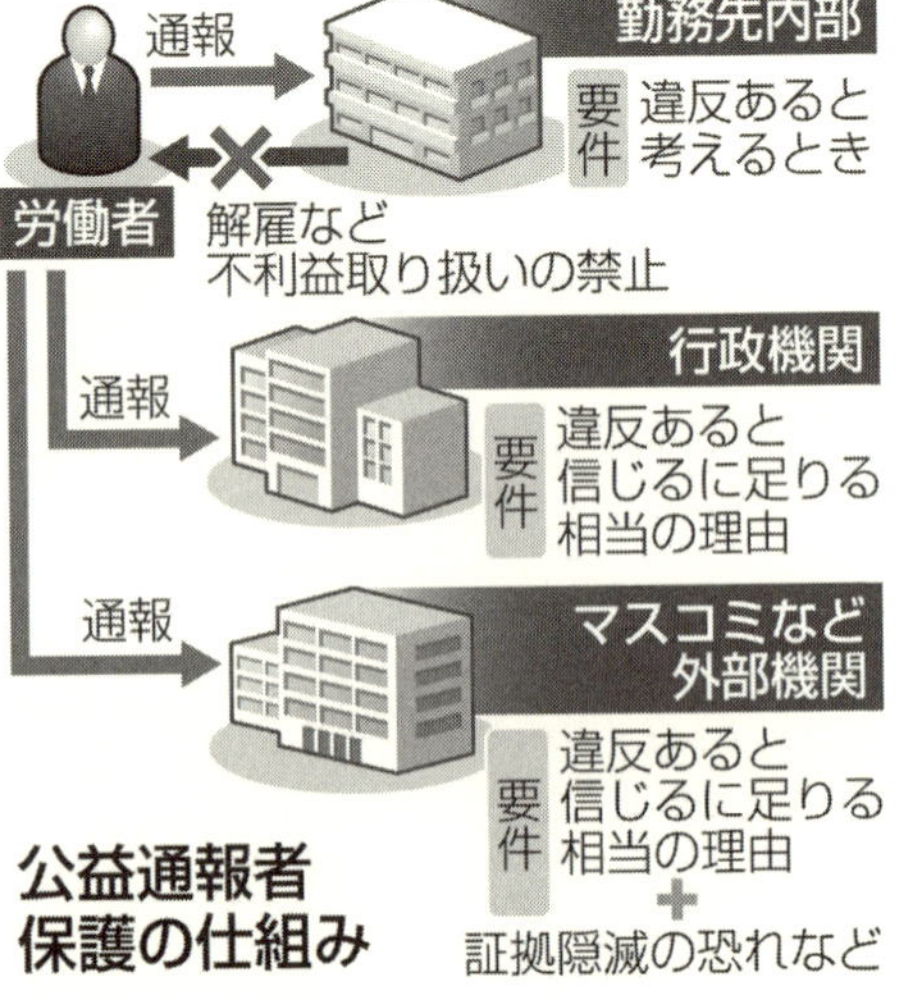

骨肉腫患者急死を隠蔽

2010年、金沢大病院で骨肉腫の治療を受けていた当時16歳の少女が急死した。小川さんが遺族の関係者を通じてこの事実を知ったのは13年9月ごろ。遺族が主治医の教授らを告訴したことも知った。治療は「カフェイン併用化学療法」という厚労省の先進医療で、教授らは治療成績の良さを誇っていた。「内部で隠蔽されている。危険性が隠されたままでは第2、第3の死亡例が出る恐れがある」

意を決し、厚労省に通報した。電話に出た先進医療専門官という職員に名前を尋ねられ、やむを得ず「金沢大准教授の小川」と名乗った。研究室名も聞かれ、医学系とだけ告げた。それ以上の個人情報を控えると、専門官は「明かしたくないということで」と理解を示すような返答をした。

電話を切った後、専門官の消極的な態度が気になった。「問題を放置されるかもしれない」と悩んだ末、複数の金沢大関係者にもメールで通報した。ただ厚労省に連絡したことは伏せた。外部への通報を大学が知れば、嫌がらせに遭うと思ったためだ。

以前、別の不正を大学に内部告発した時の出来事が頭をよぎった。

孤立、嫌がらせ耐える

05年、金沢大助教授に着任して間もなく、研究室で「裏金」が常態化していることを上司の教授から伝えられた。不正な経理はやめるよう申し入れても教授は聞かない。

大学は小川さんの告発を受けて調査したが「不正は確認できない」と打ち切った。教授らによる嫌がらせが始まった。

共同実験室の鍵は貸与されず、受け持つ講義は好評だったのにコマ数を42から3に減らされ、「小川先生に殴られ

た」と虚偽も言いふらされた。

自分は間違ったことをしていない。大学や関係者を相手に訴訟を起こし、被害を粘り強く訴えた。教授は不正経理で懲戒処分となったが、孤立は続き、職場の誰とも会話しない日も。研究や指導の機会を奪われ、キャリアを大きく損なった。

少女の死亡事例を知ったのは、そんな日々が7年も続いた頃だ。

これほどの目に遭っても再び内部告発したのは「さらなる死亡事例を防ぐため」。国民の「知る権利」を妨げさせない。今度は告発先を大学にせず、医療安全の監督権限を持ち、守秘義務もある厚労省にした。

ところが、嫌がらせは直後から始まる。講義は3コマからゼロに。日本学術振興会から表彰された際は、大学側は慣例だった学長からの手渡しを取りやめようとした。こうした仕打ちにも「厚労省が動けば療法の危険性が認知され、改善さ

金沢大病院（後方）の前で話す小川和宏さん。病院は兼六園の南東約1キロ。広大な土地に立ち、威容を誇る建物はまるで「茶色い巨塔」のようだ＝2017年7月3日、金沢市（撮影・藤井保政）

れる」と耐えた。

通報翌日、厚労省裏切る

通報の2カ月後、状況を尋ねようと専門官に再び電話すると、告発内容を主治医にメールで知らせたと言われた。後に入手したメールには「金沢大医学系准教授の小川様(これ以上の情報は得られませんでした)からわたしに電話がございました」と書かれていた。送信は通報の翌日。「問題を放置された上、裏切られていた」。このまま隠蔽されるのを恐れ、新聞社へ連絡した。

「マスコミなど外部への通報や裁判という手段が重要だ」。運輸業界の闇カルテルを内部告発し、報復人事で約30年間も閑職に追いやられた元トナミ運輸社員、串岡弘昭さん(1946年生まれ)が説く。

一方で告発者は精神的に追い込まれることが多く、串岡さんが知り合った告発者の中には、重い病気になった人や自殺を図った人もいた。「組織に裏切られ、将来を奪われたと頭で理解しても、体が言うことを聞かない。私もそうだった。それでも自分が正しいと証明するため、闘うしかない」

金沢大病院は14年4月、カフェイン併用化学療法で倫理指針違反があった可能性があると発表した。少女の死亡は新聞で報じられ、同年6月、厚労省は専門官を戒告処分とした。

小川さんは同年9月、賠償請求訴訟を起こした。提訴の10日後、カフェイン併用化学療法は先進医療の対象外に。訴訟は17年6月5日、和解した。国が小川さんに和解金を支払うことが条件だ。金沢大は「(少女死亡などを巡る)問題判明後、資料を作成して厚労省などに提出した」という。

(斉藤友彦)

History

公益通報者保護法には欠陥も

海上自衛隊の護衛艦「たちかぜ」乗組員の1等海士＝当時(21)＝が2004年、いじめを苦に自殺した。遺族が損害賠償を求めた訴訟で、乗組員へのアンケート開示を求められた海自は「破棄した」と回答した。

しかし、国側の訴訟担当者だった3等海佐が存在を認める意見書を裁判所に提出。内部告発を受けた東京高裁は、14年の判決でアンケートの隠蔽(いんぺい)を認定し、一審を上回る約7300万円の賠償を国などに命じ、確定した。

海自は3佐の処分を検討したが、当時の小野寺五典防衛相は「公益通報を理由に不利益なことをしてはならない」として処分しなかった。

内部告発者に対する不利益な取り扱いを禁じた公益通報者保護法は06年に施行された。罰則がない上、公益通報と認められるための要件が通報先や告発の内容によって細かく定められ、厳しすぎるなどの欠陥も指摘されている。

23.

ベテラン弁護士が裁判官に「権力を補完」と後輩らへ苦言を呈する瀬木比呂志さん

ニュース専門のネット局ビデオニュース・ドットコムが毎週土曜夜に動画をアップする「マル激トーク・オン・ディマンド」。２０１７年２月４日は「裁判所がおかしな判決を連発する本当の理由」がテーマで、レギュラーの同局編集主幹、神保哲生さん（１９６１年生まれ）と社会学者の宮台真司さん（59年生まれ）が、ゲストの元裁判官、瀬木比呂志さん（54年生まれ）と東京都内のスタジオで議論した。

「裁判所は権力のチェック機構のはずだが、日本の裁判所は権力の補完機構」

瀬木さんがまず厳しく斬り込んだ。

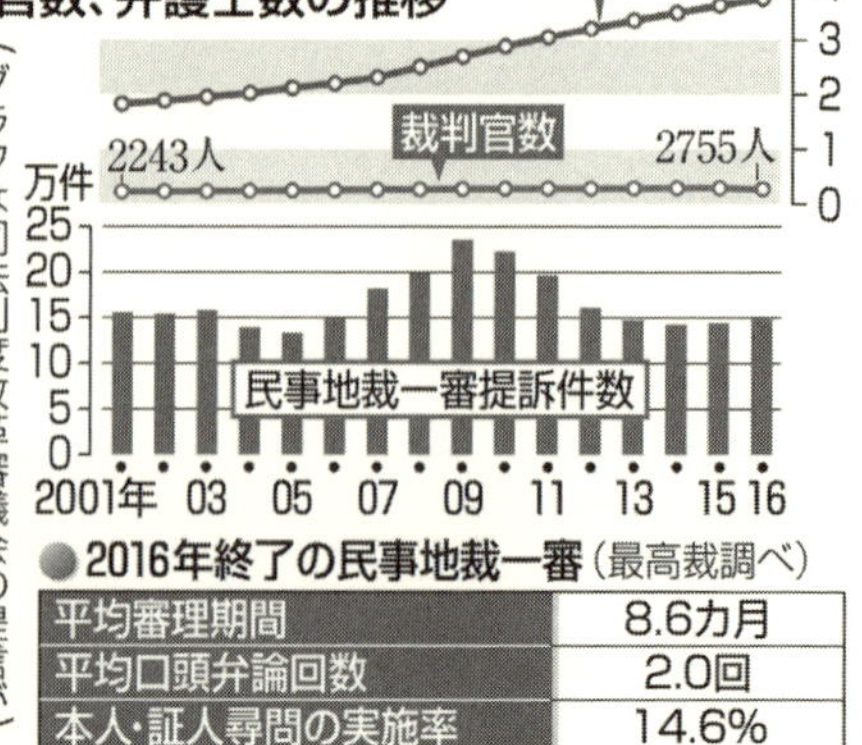

平均審理期間	8.6カ月
平均口頭弁論回数	2.0回
本人・証人尋問の実施率	14.6%

統治や支配の問題、触ろうとせず

神保さんが沖縄の米軍普天間飛行場移設を巡る裁判に言及し「国が相手だと、裁判所はけんもほろろ（で原告敗訴）。米軍が出てくると、問答無用（で原告敗訴）」と評すると、瀬木さんは「裁判所は統治と支配の根幹に関わる問題に触ろうとしない」と解説する。

加えて、瀬木さんは自衛隊イラク派遣反対のビラを配るため、自衛隊の官舎に入った3人が住居侵入罪に問われた事件の最高裁判決を例に「現場は住居かといった形式論だけで、表現の自由との関係に踏み込まない。憲法に関わる大きなテーマほど、最高裁は判断を示さない」と批判した。

ただ、原発の再稼働を差し止めた福井地裁や大津地裁の裁判官もいる。「地方を中心に異動している裁判官の中には、良心に従って判断する人がいる。しかし、福井地裁の裁判長は家裁へ。露骨な左遷だ」と瀬木さん。

反対に福井地裁の差し止め決定を取り消した裁判官3人は、全員が司法行政を担当する最高裁事務総局に勤務した経験があった。瀬木さんは、事務総局に勤務した裁判官には①強い自己承認欲求、②統治と支配の担い手意識、③権力へのおもねり──があるとみている。

「何のために裁判官をやっているのか」と宮台さんはあきれた。

官僚組織の裁判所、無罪見逃す

瀬木さんは東大在学中に司法試験合格。官僚機構の検察が嫌で、弁護士の仕事は泥くさく見え、憲法が「独立して職権を行う」と定める裁判官に。東京地裁や大阪高裁、静岡地裁浜松支部などのほか、最高裁事務総局に勤務、最高裁判事を補佐する調査官も務めた。主に民事の担当だった。

「上司が決裁する事務総局はもちろん、裁判の現場も最高裁が判断を統制し、裁判所は官僚組織そのもの。自由主義

者の私にはつらく、辞めたかったが、論文を書くなどして気を紛らわせた」

やってみたかった東京地裁の裁判長を終え、2012年に依願退官した。明治大法科大学院教授に転じ「絶望の裁判所」「ニッポンの裁判」「黒い巨塔」など裁判所を批判する著書を次々出版する。

著書の中で「無罪判決が多い刑事系裁判官」と紹介する木谷明さん（1937年生まれ）。瀬木さんは「（木谷さんの）無罪判決は30件と多いが、担当事件は無作為に決まるので、彼にだけ無罪事件は回らない。大多数の裁判官は検察寄りで『推定有罪』だから、証拠をよく吟味せず、無罪を見逃しているのだろう」とみる。

その木谷さんは「弁護士に転じ、なぜこんな証拠しかないのに有罪かと疑問に思うことが多々ある。私のやり方は多くの裁判官と違っていたのかもしれない」と話す。

片や民事裁判では、裁判官の関心は、早くそつのない処理。おざなりの判決も

「マル激トーク・オン・ディマンド」の収録に臨む瀬木比呂志さん（左端）。「パブリックではなく、ヒエラルキーの中で認められたいという裁判官が多い。上にいる人はそういう人ばかり」と分析する＝2017年2月3日、東京都品川区のスタジオ（撮影・牧野俊樹）

多く、瀬木さんは「充実した審理は望めず、当事者は納得できないだろう」と指摘する。

全地裁の一審で当事者本人や証人の尋問があったのは14・6％（2016年、最高裁調べ）。ほとんどの訴訟は書面だけで判断されている。

民事訴訟「満足」21％

17年3月10日、千葉県船橋市の千葉県弁護士会京葉支部会館。船橋市や同県市川市などの弁護士が瀬木さんの講演を聞いた。

「2000年代の司法制度改革で弁護士は激増する一方で、民事訴訟は09年をピークに減少傾向に。訴訟利用者の調査で、裁判は『満足のいくもの』との回答は21％。司法への失望があるのではないか。改革は一部を除き、成功していない」

続けて瀬木さんは、認知症の男性が電車にはねられ死亡した事故を巡り、名古屋地裁が妻と別居の長男にまでJR東海への賠償を命じた判決を挙げ「不正義も甚だしい。昔の平均的な裁判官なら100万円で和解するよう言い、JRが受けなければ、請求棄却だろう。劣化している」と嘆く。

こんな裁判所を正すには、裁判官は司法修習を修了したばかりの人ではなく、ベテラン弁護士などから登用する「法曹一元」しかないと瀬木さん。法曹一元は英米のほかオランダ、ベルギーなどが取り入れ、日本にならっていた韓国も導入に踏み切った。「弁護士と弁護士会が本気になって取り組んでほしい」と訴えた。弁護士白書によると、16年に裁判官へ転じた弁護士は3人にすぎない。

（竹田昌弘）

History

地裁所長、長沼訴訟裁判長に書簡

ミサイル基地建設を巡り、自衛隊は合憲か違憲かが争われた「長沼ナイキ訴訟」を担当する札幌地裁の福島重雄裁判長は1969年8月、同地裁の平賀健太所長から国側勝訴の法解釈などが書かれた書簡を受け取った。

福島裁判長が所属していた青年法律家協会（青法協）は書簡を公表し、憲法76条3項が保障する「裁判官の独立」を侵すなどと非難した。

最高裁は平賀所長を注意処分とし、東京高裁へ転任させる一方、青法協に所属する裁判官の再任を拒むなど青法協会員に対する「ブルーパージ」に乗り出した。

長沼ナイキ訴訟は札幌地裁（福島裁判長）が73年9月、自衛隊は憲法9条2項違反との判決を出したが、札幌高裁と最高裁は自衛隊の憲法適合性を判断せず、建設予定地にある保安林指定解除処分の執行停止などを求めた原告の訴えを退けた。

自衛隊違憲の判決を言い渡した札幌地裁の法廷。正面中央が福島重雄裁判長＝1973年9月7日

24.

核被害を問い続ける被爆者救済へ闘う2世弁護士、在間秀和さん

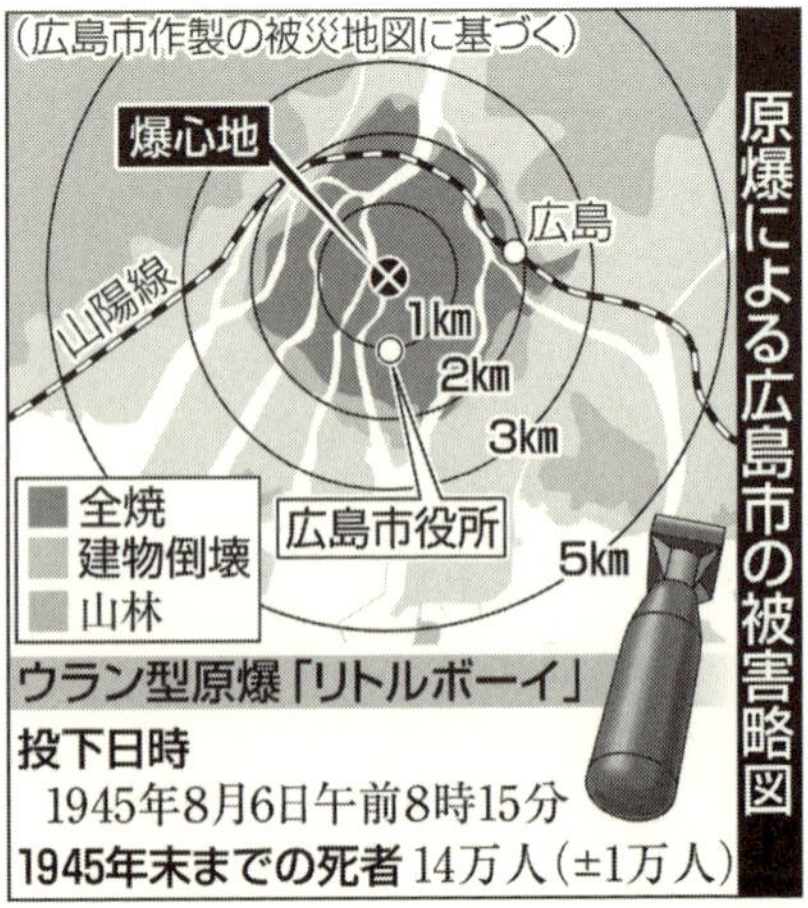

2017年5月9日昼すぎ、広島市中区の広島弁護士会館を出発した30人ほどの一団は雨の中、広島城の堀を挟んで向かい側にある裁判所へ、ゆっくり歩を進めた。

最前列に立つ弁護士、在間秀和さん（1948年生まれ）が広島地裁の正面玄関に到着し、横断幕を手に真一文字に口を結ぶと、一斉にシャッター音が鳴った。横断幕には「原爆被爆二世の援護を求める被爆二世集団訴訟」の文字。

原爆による広島市の被害略図

放置の構図続く

広島、長崎への原爆投下から72年。被爆者の平均年齢は81歳を超え、被爆体験の風化が懸念される中、被爆者の子である「被爆2世」たちが初の提訴に踏み切った。

「最大の問題は放射線が人体にどのような影響を与えるか、特にその遺伝的影響についてだ」

暑さで蒸し返す304法廷。第1回口頭弁論のこの日、在間さんが意見陳述した。「放射線による被害がいかなるものか、真実が国によって明らかにされてきただろうか」。落ち着いた調子ながら、野太い声が時折響き渡る。

国が被爆2世への援護を怠っているのは幸福追求権などを保障した憲法に反する——。在間さんが代理人を務める原告約50人は2017年2月、広島、長崎両地裁に訴えを起こした。

国は1957年制定の原爆医療法と68年の原爆特別措置法に基づき、直接被爆した人や爆心地付近に入り放射線を浴びた人（入市被爆者）、被爆者を救護した人、被爆した母親の胎内にいた人を「被爆者」に認定し、治療費支給など各種支援を行ってきた。二つの法律はその後、被爆者援護法に統合された。

しかし、被爆2世は援護法の対象外で、年に1度の無料健康診断が受けられるだけ。援護法制定時、2世への支援を求める付帯決議が国会で採択されたが、放置の構図は続いたままだ。

核禁条約不参加に憤る

「被爆2世は、直接被爆者や入市被爆者、救護者、胎内被爆者に次ぐ第5の被爆者」

こう語る在間さん自身が被爆2世だ。ただ弁護士の仕事に徹したいとして、自分のことを人前で語ろうとはしない。

在間さんの祖父母は1945年8月6日に広島市内で被爆死、遺体は見つかっていない。母は義妹ら家族を探しに市外から爆心地周辺に入った入市被爆者。義妹は爆心地から約500メートルで被爆しながら、一命を取り留めた。誕生日は8月6日。幼い頃より母から被爆

の惨状を聞かされた。学生時代は毎年、原水爆禁止日本国民会議（原水禁）大会に京都から参加し、誕生日を被爆地で迎えた。今は大阪で弁護士を営む。

「核兵器はいかなる理由であろうとも、その存在は断じて許されない。核廃絶を訴えるべきは国家でもなければ、権力者でもない。民衆だ。そして、その先頭に立つべきは原爆被害を受けた戦争被爆国の民衆だ」

国策を誤って戦争に走り、無実の民が大量に犠牲になった先の大戦。過ちを繰り返さないため、被爆国の民衆が声を上げるべきだとの思いは強く、徹底した市民目線を貫く。だが被爆国の政府は２０１７年７月に採択された核兵器禁止条約の交渉に参加しなかった。在間さんは憤る。

被害の真相、隠蔽疑う

２０１７年３月31日、在間さんは高校生22人と福岡からフェリーで韓国・釜山

第１回口頭弁論のため、原告や支援者とともに広島地裁へ入る在間秀和さん（中央）＝2017年5月9日、広島市中区（撮影・西詰真吾）

へ向かった。広島、長崎の団体が進める平和活動の一環として韓国の被爆者や高校生と交流するためだ。

船酔いを押して講師役を務めた在間さんは「弁護士20年目の1995年から、頻繁に韓国を訪れるようになりました。戦時中、広島の三菱重工業に強制的に連れて来られ、働かされた韓国人徴用工の問題に取り組むようになってからです」と、韓国との接点を語り始めた。

旧厚生省（厚生労働省）は74年、出国した被爆者への健康管理手当の支給を打ち切る局長通達を出した。このため祖国に戻った外国人被爆者は救済の網から漏れた。

95年、在間さんが代理人となり、元徴用工の韓国人被爆者が提訴。「日本在住被爆者と在外被爆者を区別するのは、明らかな差別で憲法違反だ」。こう訴え続けた12年間の法廷闘争の末、最高裁は局長通達の違法性を認め、国家賠償を命じた。

「被爆2世であることを隠しておきたい人もたくさんいる。だがこうした人たちが、いつか名乗り出た時のために自分たちが準備をしておきたい」

被爆2世訴訟の原告で教諭の占部正弘さん（1958年生まれ）はこう語る。

韓国南東部・陜川郡のほこらには、亡くなった韓国人被爆者の位牌が並び、生存する被爆者が追悼している。在間さんは、戦争中に強制連行され、被爆した韓国人被爆者を長年支えてきた＝2016年5月12日（撮影・栗倉義勝）

広島の被爆者団体が２０１４年に被爆２世約２千人を対象に実施した調査では、回答者の25％が健康不安を訴えた。「核被害は広島、長崎、ビキニ被ばく、福島での原発事故へと続く。２世の訴訟は現在にもつながる。国は放射線被害の真相を隠蔽してきたのではないか」と在間さん。真実を求める核被害との闘いは続く。

（太田昌克）

History

原爆症認定訴訟、個別事情を重視

被爆者援護法により、被爆者健康手帳を持つ被爆者（2017年3月末現在約16万5千人）のうち、原爆の放射線に起因する病気で治療が必要と厚生労働相が認めた人（同約8千人）には、月約13万9千円の医療特別手当などが支給されている。原爆症認定制度と呼ばれる。

認定されなかった被爆者が起こした訴訟の判決で、最高裁は2000年7月、被ばく線量の推計を機械的に当てはめる審査には「疑問が残る」と指摘。病気と放射線の因果関係を個別に検討して認め一、二審と同様、不認定処分を取り消した。

厚労省は審査方針を何度も見直し、08年には認定基準を緩和した。しかし厚労省によると、直近の13年の見直し後も105人が提訴。個別の事情を重視して判断する裁判所で、被爆者勝訴の判決が相次ぐ。日本原水爆被害者団体協議会（被団協）は厚労省に対し、制度の改善を再三求めてきた。

《追記》厚生労働省によると、2018年3月現在、被爆者健康手帳を持つ被爆者は15万4859人。

25.

住民支え被害伝える
土呂久鉱害の患者支援に人生懸けた
川原一之さん

山あいの公民館は異様な緊張に包まれていた。２０１７年６月28日、宮崎県高千穂町の土呂久地区。１９７０年代、ヒ素鉱害が社会問題になったが、水俣病やイタイイタイ病と違い、今は知る人は少ない。記憶を継承しようと、県が大学生への授業計画を立て、説明会を開くと、住民らが詰め掛けた。

「環境教育にふさわしい土地です」

朝日新聞の記者を辞め、患者支援に人生を懸けた記録作家川原一之さん（１９４７年生まれ）が力を込めた。だが、農作物の「風評被害」を心配して反発する声が住民から上がる。半世紀近くたっても続く不安の強さに川原さんは打ちのめされた。

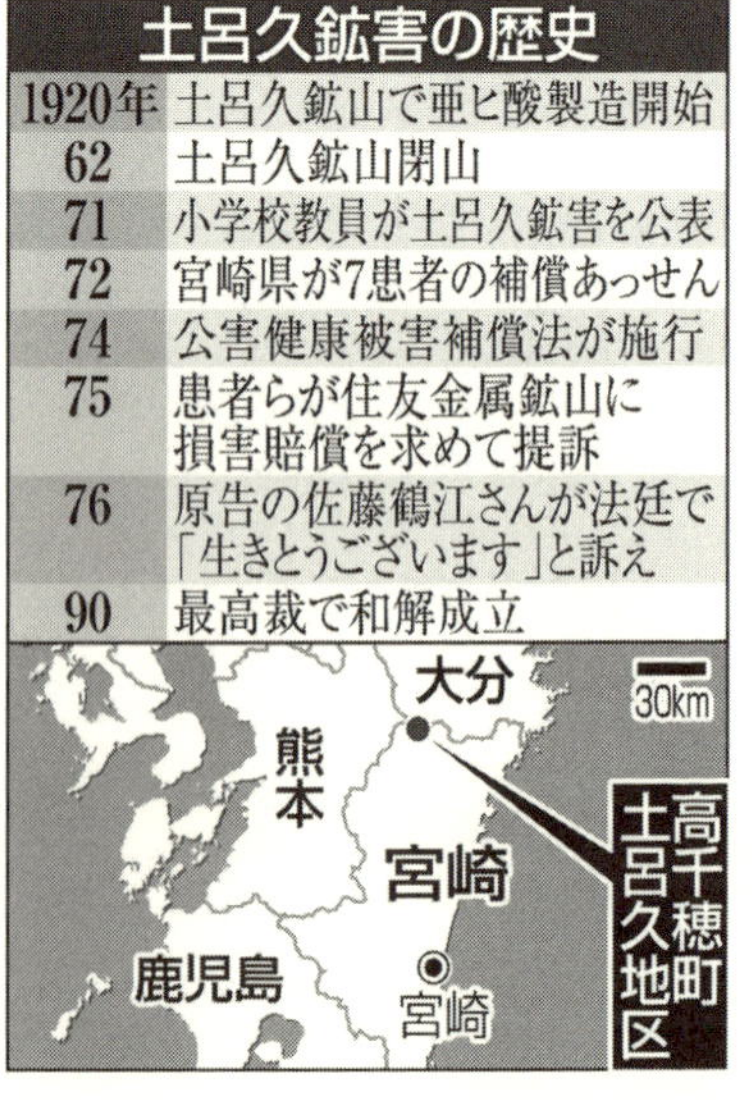

土呂久鉱害の歴史

1920年	土呂久鉱山で亜ヒ酸製造開始
62	土呂久鉱山閉山
71	小学校教員が土呂久鉱害を公表
72	宮崎県が7患者の補償あっせん
74	公害健康被害補償法が施行
75	患者らが住友金属鉱山に損害賠償を求めて提訴
76	原告の佐藤鶴江さんが法廷で「生きとうございます」と訴え
90	最高裁で和解成立

突き刺す住民の視線

気まずい空気の中、県農政水産部長の大坪篤史さん（1958年生まれ）が切り出した。

「農家民泊をやっていただくとか、いろいろ仕掛けたいんです」

2週間前、国連教育科学文化機関（ユネスコ）が周辺の「エコパーク」登録を決めていた。自然の保護と利用の両立が評価され、観光客増を期待して地元は沸いた。

県がこの機を逃すまいと計画したのが、鉱害の歴史を教え、環境教育との一石二鳥を狙う大学生のバスツアーだった。「難しい」「よく分からない」。小声が聞こえる。

「民泊は無理。受け入れ態勢がない。去年結論出とったろう、川原さん」

減り続ける住民の中心的な男性が視線を向けた。「難しいということでしたね」とつぶやくしかない。「県を責めているようで、俺を突き刺している」。針のむしろで、川原さんは支援の難しさを痛感していた。

大坪さんとはかつて鋭く対立する関係だった。患者の支援者と、認定審査の担当者。時は流れ、今は共に記憶継承に努める。立場は違えど、風化させまいとの思いは同じ。その姿が、住民には県側に立つように映った。

「生きたい」

土呂久鉱害が表に出たのは71年。小学生の体調不良を不審に思った教員の調査がきっかけだった。大正時代から62年まで、農薬や毒ガスの原料に使われた亜ヒ酸を断続的に製造した鉱山が原因だと訴えた。煙や汚染水で呼吸器や消化器の障害が起き、死者や寝たきりの患者が多数出ていた。

最終鉱業権を持つ住友金属鉱山（東京）は補償を拒否。収拾のため県が提案した補償のあっせんは、対象を皮

膚の症状に限り、金額も平均240万円に抑えられた。

72年12月、患者7人が苦悩の末、県庁で調印。記者会見で「他の病気は持病にされた」「50年苦しんできたとです。早く見通しをつけたかった」と悔しがる患者に、入社4年目の朝日新聞宮崎支局記者だった川原さんは胸を痛めた。

翌月、患者の佐藤鶴江さんから裏話を聞く。調印の前夜、納得できず公衆電話で記者に連絡したかったが、廊下に県職員がいて近づけない。知事の前では、同席の町長の顔を立てねばと判を押したという。

「勇気を出して飛び出しておれば。人が良すぎる。情に負けたとよ」

力になりたくても、記者の立場では限界があった。転勤したものの、退職して宮崎に戻り、支援団体の柱になる。

患者側は「県の責任を追及しない」とのあっせん内容に不満もあり、75年に提訴。原告となった佐藤さんは法廷で訴えた。

佐藤鶴江さんが住んでいた家の前で「土呂久は鉱害の時代は生き延びたが、このままでは過疎でつぶれてしまう」と語る川原一之さん＝2017年6月27日、宮崎県高千穂町（撮影・堀誠）

「裁判長、私たちは例え根治の見込みがないと言われましても、生きていく権利があります。また、生きとうございます」

心からの叫びに感動した川原さんは「最後まで支える」と決意したが、佐藤さんは77年、56歳で他界。90年に最高裁で和解が成立した。

バングラデシュで浄水装置設置活動

当時、井戸水でのヒ素中毒がアジアで問題に。土呂久の住民も後押しし、川原さんはNPO法人「アジア砒素ネットワーク」を設立、バングラデシュで浄水装置の設置活動を続けた。しかし、体調を崩して2016年帰国。再び土呂久に目を向けた。大坪さんも環境を担当する部署になり、2人の時計の針が動き始めた。

住民から厳しい意見が出た説明会を振り返り「ショックだったな」と川原さん。授業計画は地域を存続させたいと焦る住民のためでもあるのに。「高齢化する住民も自分も残り時間は多くない」

大坪さんはかつての認定審査で、理詰めで迫る川原さんが怖かったという。「人が死んでいるので、必死に言いたくなる気持ちは分かる。よく続けてきた」と感心する。

川原さんは大坪さんに「『土呂久』の場所を示す看板を作ってほしい。風評被害をなくすには、県が安全宣言をしてくれないか」と伝えている。支援者という立場の難しさは度々直面し、乗り越えてきた。

「住民に説明を続ければ、分かってもらえるはず。土呂久が俺の運命を決めたわけだから、もう一回頑張るか」

川原さんの夢は、公民館を自然の中で学ぶ拠点「フィールドミュージアム」に改築することだ。

（徳永早紀）

History

公害被害、ある程度確実なら認定

1950年代半ばから73年石油ショックまでの高度経済成長期は、企業の工場などが原因の公害が各地で発生した。①熊本県の水俣病、②富山県・神通川流域のイタイイタイ病、③新潟県・阿賀野川流域の新潟水俣病、④三重県の四日市ぜんそく—は「四大公害」と呼ばれ、これらの被害者は67～69年、原因企業などに損害賠償を求めて相次ぎ提訴した。

裁判では、有毒物が混入した工場排水などと健康被害との因果関係が主要な争点となり、裁判所は疫病の研究に使われてきた疫学（地域や集団内で病気などの原因や変動を統計的に明らかにする学問）の手法を採用。統計上、ある程度確実だとして因果関係を認めた。

疫学的因果関係では、被害者側の立証が軽減される一方、企業側は因果関係や過失がないことを立証しなければならず、敗訴が相次いだ。この考え方はその後の公害裁判でも使われている。

26.

「人ごとではない」国内初の加害者家族支援団体を設立した阿部恭子さん

2017年6月最後の日曜午後。仙台市の中心部にある会議室に中高年の男女数人が集まった。子どもや配偶者が殺人などの罪を犯した「加害者家族」の分かちあいの会だ。2カ月に1度、それぞれが普段は閉じ込めている思いを吐き出す。

「冠婚葬祭に呼ばれず、ずっと地域から孤立したまま」

「事件が兄弟の就職に影響しないか」

涙や相づち、時には笑顔も。約2時間後、進行役の阿部恭子さん（1977年生まれ）は、少しだけ軽くなった足取りを見送った。

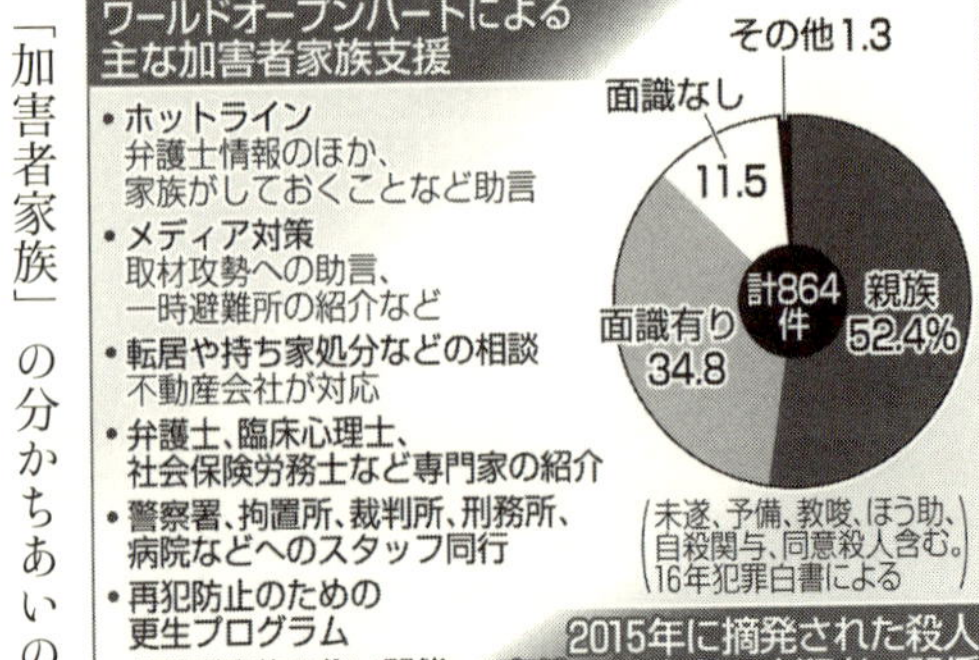

ワールドオープンハートによる主な加害者家族支援
・ホットライン
弁護士情報のほか、家族がしておくことなど助言
・メディア対策
取材攻勢への助言、一時避難所の紹介など
・転居や持ち家処分などの相談
不動産会社が対応
・弁護士、臨床心理士、社会保険労務士など専門家の紹介
・警察署、拘置所、裁判所、刑務所、病院などへのスタッフ同行
・再犯防止のための更生プログラム
・加害者家族の集い開催
その他1.3
面識なし 11.5
面識有り 34.8
計864件
親族 52.4%
（未遂、予備、教唆、ほう助、自殺関与、同意殺人含む。16年犯罪白書による）
2015年に摘発された殺人事件の被害者と容疑者の関係

会の主催は、阿部さんが代表を務めるNPO法人「ワールドオープンハート（WOH）」。08年に国内で最初に加害者家族支援を始めた。仙台のほか、東京などでも家族会を開き、全国から参加者が集まる。

ボランティアに取り組むなど、少女時代から社会問題に関心があった阿部さんが加害者家族の支援を志したのは大学院生のとき。「犯罪被害者らマイノリティーと自殺との関連」について研究する中で、加害者家族も中傷や罪悪感に苦しみ、自殺に追い込まれていると知ったのがきっかけだった。

調べると、加害者家族のための相談機関は、欧米では一般的なのに、日本には一つもなかった。

「必要としている人がいるはず」

どれほど需要があるのか見当はつかなかったが、見て見ぬふりはしたくなかった。設立を伝える記事が新聞やネットに載ると、全国から相談が殺到した。最近の話から、半世紀前の凶悪事件と、年代は幅広く、被害者でもあるが、気持ちのやり場のない家族間の事件関係者も目立った。ひたすら話に耳を傾けた。

加害者の家族というだけで日常が一瞬にして奪われる。「死ね」「殺人者の子ども」といった嫌がらせの電話やネットでの中傷は日常茶飯事。退職や複数回の転居、いじめや半ば強制的な転校…。縁談が取りやめになった人も多かった。

相談千件超、受け止めつなぐ

阿部さんは17年6月12日、自宅のある仙台から東京拘置所へ向かった。男性の被告と会い、しばらく距離を置きたいという家族からの伝言を届ける代理面会。面会は平日しかできないため、要請は多い。

家族の面会への同行なども含めると、これまで２００人以上の加害者と関わった。携帯電話の番号をホームページで公開し、24時間受け付ける相談は千件を超す。

阿部さんがコーディネーター役になり、弁護士や社会保険労務士らさまざまな専門家と家族をつなぐ。事件で転居を余儀なくされた人には不動産会社が賃貸物件を紹介し、

東京拘置所で代理面会を終えた阿部恭子さん。
「外部と隔離される加害者は、
差別に直面する家族のつらさが分からない。
ギャップを埋めるのも私の役割」
＝2017年6月12日、東京都葛飾区（撮影・堀誠）

土地売却を手伝うなど、支援は多岐に及ぶ。

最近は、家族の依頼で臨床心理士が犯行に至った経緯を解きほぐす鑑定にも力を入れているという。

娘が殺人未遂事件で逮捕、起訴された東北地方の40代女性は捜査、裁判といった今後の流れや、被害者との関わり方などについて説明や助言を受けている。「阿部さんと出会えなければ、途方に暮れたままだった」

WOHはこれまで一度だけ、活動停止を覚悟したことがある。11年3月の東日本大震災。事務所のある仙台市青葉区は

震度6弱の大地震に襲われた。余震に停電、断水が断続的に続き、自宅が流失した仲間もいた。震災から1カ月以上たち、ようやく主要メンバーが顔を合わせて「先は見通せないけど、生き延びたからこそ、やれるだけやろう」と活動を再開した。

WOHで学び、大阪に2カ所目

15年には、WOHの研修会で学んだ佐藤仁孝さん（1982年生まれ）が大阪市で全国2カ所目の加害者家族支援団体「スキマサポートセンター」を設立し、阿部さんが大阪でやっていた家族会も引き継いだ。阿部さんについて尋ねると「エネルギーがすごい。特に子どもが困っていたら、どこにでも助けに行く気でいますね」

WOHは韓国や台湾の支援組織との交流も始まり、活動が広がる一方で「被害者の感情を考えたことはないのか」と批判に直面することもある。阿部さんは「被害者をしっかり支援するのが大前提」としつつ、繰り返し訴える。「切り捨てるのは簡単。しかし、被害者と加害者家族、両方への支援があってこそ、個人を尊重する成熟した社会なのではないか」

背中を押すのは「家族支援は加害者の再犯防止にもつながる」との思いだ。実際、関わったケースでは、家族が支えると再犯率は低いという。「家族が変われば、加害者も変わる。中には、犯罪に向かわせたような家族もいるが、支援次第で更生の受け皿になれる」と阿部さん。

最近は、認知症の家族が、車を運転中に死亡事故を起こしてしまったという相談が増えている。「誰もが当事者になる可能性がある。人ごとではないと伝え続けたい」。SOSの電話は、今日も鳴り続けている。

（山口恵）

History

犯罪被害者支援、法整備次々に

偶然居合わせた人を含む、多数の死傷者を出した1974年の三菱重工ビル爆破事件がきっかけとなり、国が犯罪被害者や遺族へ一時金を支給する犯罪被害給付制度が81年にスタートした。

90年代半ばには、死亡13人、重軽症6200人以上という地下鉄サリン事件や、法相が遺族への対応を謝罪した片山隼君事件などがあり、被害者支援の法整備が進む。

2000年の犯罪被害者保護法などにより、裁判で意見陳述や優先傍聴が可能に。犯罪被害給付制度の対象は拡大され、05年の犯罪被害者等基本法には「個人の尊厳が重んぜられ、その尊厳にふさわしい処遇を保障される権利」が明記された。

同法に基づく基本計画は258もの施策を列挙し、被害者や遺族が裁判に参加する制度や、有罪判決に引き続き、同じ裁判官が被告に損害賠償を命令できる制度などが次々に実現していった。

27.

サハリンを忘れない
残留者と心の交流続けるカメラマン、後藤悠樹（はるき）さん

2017年7月6日、カメラマンの後藤悠樹さん（1985年生まれ）は、ロシア・サハリン島西海岸の港町、ホルムスクを訪ねた。11年前に、この町で初めて出会った川瀬米子さん（43年生まれ）とニガイ・レフさん（43年生まれ）夫婦の〝帰郷〟に立ち会うためだ。

川瀬さんは、サハリンが樺太と呼ばれ、北緯50度以南は日本領だった時代にこの島で生まれ、第2次世界大戦が終わった時は2歳だった。当時、サハリンには約40万人の日本人が暮らしていたが、さまざまな事情で戦後も日本に引き揚げられない人がいた。11年前、川瀬さんもその残留日本人の一人だった。

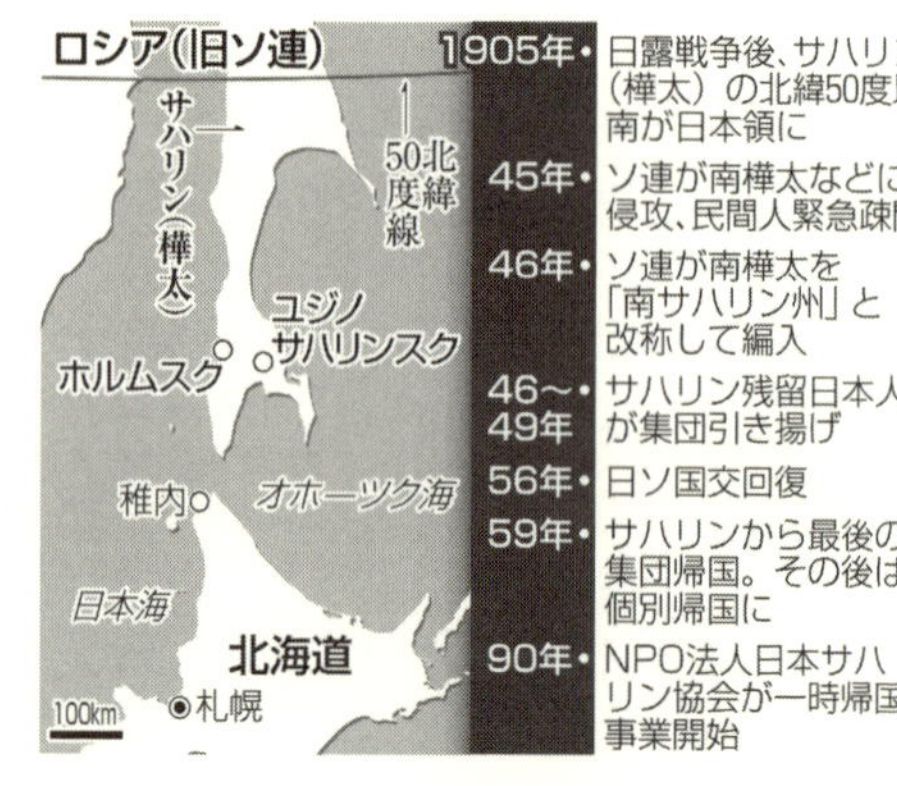
ロシア(旧ソ連)
サハリン(樺太)
北緯50度線
ユジノサハリンスク
ホルムスク
稚内
オホーツク海
日本海
北海道
札幌
100km
1905年・日露戦争後、サハリン（樺太）の北緯50度以南が日本領に
45年・ソ連が南樺太などに侵攻、民間人緊急疎開
46年・ソ連が南樺太を「南サハリン州」と改称して編入
46～49年・サハリン残留日本人が集団引き揚げ
56年・日ソ国交回復
59年・サハリンから最後の集団帰国。その後は個別帰国に
90年・NPO法人日本サハリン協会が一時帰国事業開始

20歳の旅、情報の少ない所へ

「亡くなった写真家の星野道夫さんの影響もあり、北に行きたいと思っていたんです。日本に関係があって情報の少ない所を探して、サハリンを見つけました」

２００６年４月、東京・渋谷の日本写真芸術専門学校の２年生になった20歳の後藤さんは、北海道・稚内からフェリーに乗って、サハリンに向かった。

「それまで、北海道のすぐ北にこんなに大きな島があることすら知らなかった。写真のテーマを探すという目標はあったけど、実際はフェリーから見た流氷やアザラシに感動するレベルでした」

だが、サハリン州の州都ユジノサハリンスクでサハリン日本人会を訪ね、紹介してもらった残留日本人たちに会いに行ったことが転機になった。

「ユジノで１週間、ホルムスクで１週間。何人もの日本人のおばあちゃんに会って話を聞きました。戦争でものすごく悲惨な体験をしてきている人たちなのに、皆、突然やって来た僕にとても親切にしてくれた。その中でも心を開いてくれたのが、川瀬さんでした」

戦後、米ソ協定による集団引き揚げなどで、多くの日本人が帰国した。だが、戦前は日本の植民地だった朝鮮半島出身者と結婚した日本人女性らは、複雑な国家の壁に阻まれることになった。後藤さんが会った残留日本人のほとんどが女性だったのは、そのためだ。

大切なもの見つかる

川瀬さんは日本人の両親の間に、ホルムスク近くの町で生まれた。父親は戦後間もなく病死。母親は川瀬さんら6人の子どもを連れてホルムスクに働きに出て、朝鮮人の男性と結婚した。だが、この男性も数年後に事故死。川瀬さんは、幼いころから子守や、縫製の仕事をして一家を支えてきた。

祖父が朝鮮半島からサハリンに移住してきたというレフさんと、結婚したのは70年だ。レフさんは、サハリン州漁業航海船管理局の工船で旋盤工をしていた。その船に川瀬さんも18年間一緒に乗った。「いい男だったからね。取られ

川瀬米子さん（中央）とニガイ・レフさん（右）夫婦の札幌市の住まいを訪れた後藤悠樹さん。「花が大好き。サハリンを思い出しながら植物を育てている」と川瀬さんは話す＝2017年6月9日（撮影・堀誠）

ないためだよ」と川瀬さんは笑う。

この明るさが、孫のような年の後藤さんを引きつけた。

「大阪生まれだけど、親が転勤族で、東京や千葉に引っ越しを繰り返し、根無し草のような感覚があった。それに、10代後半からは、周囲の社会としっくりこない感じだったのに、サハリンで川瀬さん夫婦と話しているうち、自分の大切なものが見つかったような気がしたんです」

2週間のサハリンの旅を終える時「2人を置いて、日本に帰るのが申し訳ないと感じた」ほど、後藤さんと川瀬さん夫婦は親密になっていた。

皆の人生、一部でも預かる

後藤さんは翌2007年も2週間、サハリンを再訪。09年に6カ月、13〜15年にも、月単位でアパートの一室を借りてサハリンに長期滞在した。

写真専門学校を卒業し、アパレル会社に就職していたが、この長期滞在で「クビになりました」と苦笑する。その後は、東京都内の写真館に勤めながら、サハリン通いを続けている。

この間、09年には川瀬さん夫婦が次女の家族を同伴して、日本に永住帰国、札幌で暮らし始めることになった。後藤さんはその後も、川瀬さん夫婦はもちろん、まだサハリンに暮らしている残留日本人たちと親密な交流を続け、彼らの写真を撮り続けてきた。

14年1月に札幌で開いた写真展がきっかけで、北海道大の研究者らと共同プロジェクトを開始。共著で「サハリン残留」（高文研）という本も出版した。「彼の温かい目線と柔軟な感性が、残留者たちの素顔を捉え輝かせています」。共著者のパイチャゼ・スベトラナさん（1972年生まれ）は言う。

後藤さんはこれまで、サハリンの写真で収入を得たことはほとんどない。だが11年続けた今、「やめなくてよかったと心の底から思う」と言う。

「戦争に負けた民族の女性であることで、悲惨な歴史を背負わされたのに、強く明るく生きてきた川瀬さんら残留日本人を撮り、伝えるのは自分のライフワークだと思っています。皆の人生を、一部でも預かった。その責任があると感じています」

（立花珠樹）

History

原告敗訴続く「戦後補償」

戦争被害の回復に必要な賠償、謝罪などの措置が「戦後補償」。日本人の場合、国は元軍人・軍属、被爆者などを除いて何の補償もしていない。

空襲被害者や在外資産を失った人らが補償を求めても「国民のひとしく受忍しなければならなかった（損害であり）補償は、憲法の全く予想しないところ」（1968年 11月の最高裁判決）などとして退けられてきた。

中国人や韓国・朝鮮人ら外国人も強制連行・労働や従軍慰安婦を巡って補償を求めたが、最高裁は条約や協定で個人請求権は放棄されているなどとして認めなかった。

ただ強制連行・労働訴訟では、鹿島や西松建設などが基金創設などを条件に原告と和解した。

一方、韓国の最高裁は2012年5月、元徴用工の個人請求権は協定で消滅していないと判断。その後、韓国の地・高裁で日本企業に賠償を命じる判決が相次いでいる。

28.

自ら情報取りに行く夫婦漫才おしどり・マコさん、ケンさん、原発事故で兼業記者に

２０１７年８月22日午後、東京・上野の鈴本演芸場。おしどりマコさんのアコーディオンに合わせ、おしどりケンさんが針金で作ったトランプ米大統領や金正恩朝鮮労働党委員長の顔などを披露すると、満員の客席が沸く。針金の作品は、欲しいと手を挙げた客に進呈された。

「貧乏でお金がない」「おいしい仕事もない」「でも針金代は高い」と掛け合い、なるようになるという意味の「ケ・セラ・セラ」をマコさんが弾きながら、２人は次の落語家に舞台を譲った。

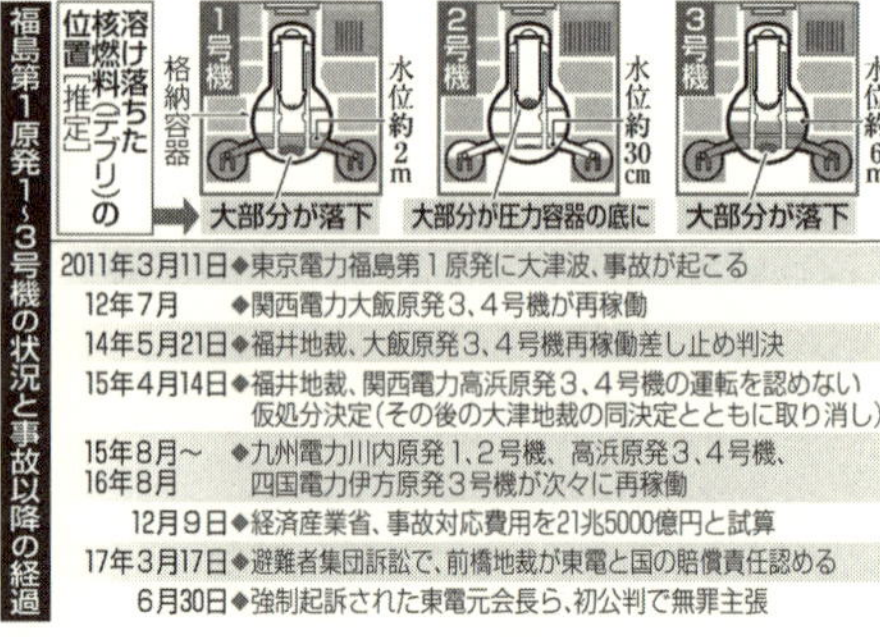

福島第1原発1～3号機の状況と事故以降の経過
溶け落ちた核燃料(デブリ)の位置(推定)
格納容器
1号機
水位約2m
大部分が落下
2号機
水位約30cm
大部分が圧力容器の底に
3号機
水位約6m
大部分が落下
2011年3月11日◆東京電力福島第１原発に大津波、事故が起こる
12年7月 ◆関西電力大飯原発３、４号機が再稼働
14年5月21日◆福井地裁、大飯原発３、４号機再稼働差し止め判決
15年4月14日◆福井地裁、関西電力高浜原発３、４号機の運転を認めない仮処分決定(その後の大津地裁の同決定とともに取り消し)
15年8月～16年8月◆九州電力川内原発1、2号機、高浜原発３、４号機、四国電力伊方原発３号機が次々に再稼働
12月9日◆経済産業省、事故対応費用を21兆5000億円と試算
17年3月17日◆避難者集団訴訟で、前橋地裁が東電と国の賠償責任認める
6月30日◆強制起訴された東電元会長ら、初公判で無罪主張

東電会見へ、白煙ただす

吉本興業に所属する夫婦漫才の2人は大阪で活躍し、もっと売れたいと考え、2010年の暮れに東京へ。3カ月余りたった11年3月、東日本大震災と東京電力福島第1原発事故に遭う。

子どもが集まる春休みのイベントに連日出演する予定があり、マコさんは放射性物質の影響が心配だった。1日に何度も開かれていた東電の記者会見をインターネットで見て、書き起こしてホームページ（HP）にアップした。

「みんな、気を付けて生活した方がいいと言いたかったから」

会見では、オレンジの上着の小柄な男性が質問すると、東電の担当者は「持ち帰って検討する」と言って答えず、そのうち男性が何度手を挙げても、当ててもらえなくなった。1〜3号機が次々に炉心溶融（メルトダウン）しても「炉心損傷」と言い張っていた頃だ。

2人は「オレンジ、頑張れ」という気持ちになった。原発から立ち上る白い煙がすごく気になっていたが、誰も会見で聞いてくれない。会見に行ってみようと考えた。

翌4月19日、初めての会見場。マコさんが白い煙について尋ねると、担当者は

「（放射性物質は）完全にゼロというわけではなく、含まれていると思う」。その後、白煙には、大量の放射性物質が含まれていたことが明らかになる。

会見中にメール「事実と違う」

「オレンジ」は産経新聞記者から弁護士に転じた日隅一雄さんだった。

マコさんは「日隅さんから『同じ兼業記者として頑張ろう』と声を掛けられた。日隅さんを応援するはずが、逆に励まされた」と振り返る。

東電がフリー記者の会見参加に「直近半年間に発表記事2本以上」という条件を付け、入れなくなったときも、日隅さんから「サイトや雑誌に書いてみては」と助言された。週刊誌に芸能ネタの記事を2回載せてもらい、会見復帰を伝えると「が

んになった。入院する」と日隅さん。舞台から入院先、そして会見場へと回る日々が続いた。

「新聞やテレビはベストの情報を伝えてくれると思っていたが、原発事故の報道は違った。できる限り、自分で情報を取りに行こうと決めた。メディアと受け手の関係はネットの普及で大きく変わっていると思う」

マコさんはケンさんと会見に通い、福島の人の取材も続け、HPだけでなく、月刊誌「DAYS JAPAN」に連載記事も書いてきた。原子力などの専門書も含めて「読んだ本の厚さは15メートル以上」と話す。平和・協同ジャーナリスト基金の奨励賞も2016年に受賞した。

17年7月3日の会見。「（福島県）いわき市議のところへ、被ばく線量が半年で50ミリシーベルトを超えた原発の作業員が相談に来たが、半年で50ミリシーベルトの作業員はどのくらいいるか把握しているか」と尋ねるマコさんに「していない」と東電。マコさんは「被ばくや労災などの内部告発も次々来る。会見中に『今の発表は事実と違う』とメールが届いたことも」と明かす。

東京電力の記者会見で質問する、おしどりマコさん（右）とおしどりケンさん。「舞台の帰りに衣装のまま、かつらを外しながら駆けつけたこともあった。毎日だった会見は週2日となり、記者も減った」とマコさん＝2017年7月3日、東京都千代田区（撮影・堀誠）

減る仕事、日隅さん逝く

マコさんの故郷は神戸。阪神大震災では、同級生を亡くし、父を失って「死にたい」と言う友人には何と声を掛ければいいかも分からなかった。

そんなとき、ソウル・フラワー・ユニオンというバンドが電気を使わず、ちんどん屋のように、アコーディオンや太鼓などで演奏するのを見た。「これだ。元気に生きよう、人を励まそう」と考え、鳥取大医学部をやめて、ちんどん屋に弟子入りした。これが芸人への一歩となった。

大阪出身のケンさんは芸人を目指すも、しゃべりが不得意なので、パントマイムをやっていた。

2人は01年に仕事先で出会い、結婚と同時にコンビで活動。順調だった仕事は原発事故の取材を始めてから、目に見えて減ったが、喜味こいしさんから生前教わった「国のためにしゃべるな。目の前の客のためにしゃべり

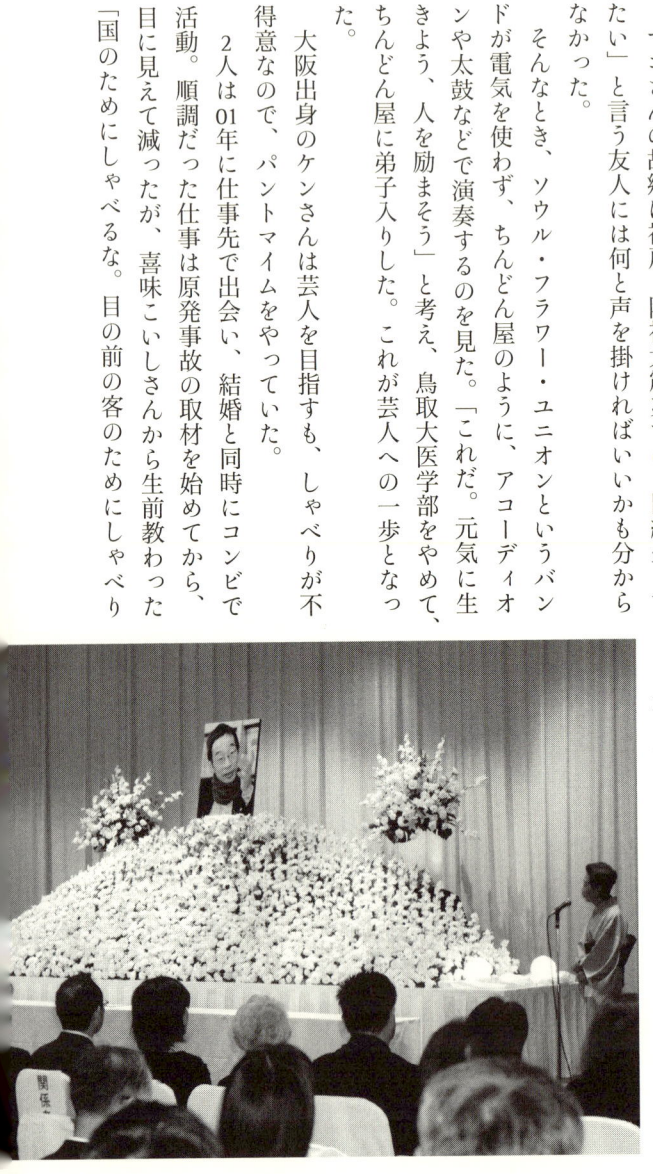

なさい」という言葉をかみしめている。

日隅さんは12年6月に逝った。49歳。同年4月刊の著書「『主権者』は誰か」では、憲法に定められたように、私たちが主権者として振る舞うための五つの条件を挙げている。その1番目は「自分たちのことについて判断するため、必要な情報を得られること」だった。

（竹田昌弘）

「同志は倒れたが、最後の最後まで闘った。主権者は誰だと訴え続けた。見事だった」。東京都内で開かれた「日隅一雄さんを偲（しの）ぶ会」で遺影に向かって話し掛ける沢地久枝さん＝2012年7月22日（小峰晃さん提供）

History

「取材の自由」、十分尊重も制約ある

最高裁は1969年11月の博多駅テレビフィルム提出命令事件決定で、報道の自由は「表現の自由を規定した憲法21条の保障のもとにある」と認定した。一方、取材の自由は十分尊重に値するが、何らの制約を受けないものではなく「公正な裁判の実現というような憲法上の要請があるときは、ある程度の制約を受ける」との解釈を明らかにしている。

この事件では、学生と警察官が衝突した事件現場のテレビフィルム提出命令が合憲とされた。

また外務省秘密漏えい事件の最高裁決定（78年5月）では、守秘義務を課された公務員から秘密を聞き出す取材は、真に報道目的で、手段・方法が社会通念上許される場合には「違法性を欠き正当な業務行為」という判断の枠組みが示された。許されない手段・方法として贈賄、脅迫、強要などのほか、個人の尊厳を著しく踏みにじる行為を例示している。

最高裁の合憲判断を受け、九州朝日放送で博多駅事件を収録したフィルムを強制的に提出させた福岡地裁の係官＝1970年3月4日

29.

図書館の公共性守れ
進む「民営化」、危機訴える元館長、
永利和則さん

「図書館の指定管理は融通が利かない。教育現場との連携も取れない。職員も居着かない。そんなことで、公共性が守れますか」

２０１７年３月４日、東京都中央区の日本図書館協会で開かれたセミナーの席上、福岡県小郡市立図書館の前館長、永利和則さん（１９５５年生まれ）は、集まった全国の図書館関係者や市民に、静かに問い掛けた。

指定管理はいわゆる民営化のこと。新しい形の図書館として全国で急増中だ。永利さんは指定管理、市直営の両方を経験した数少ない図書館長として危機を訴えた。

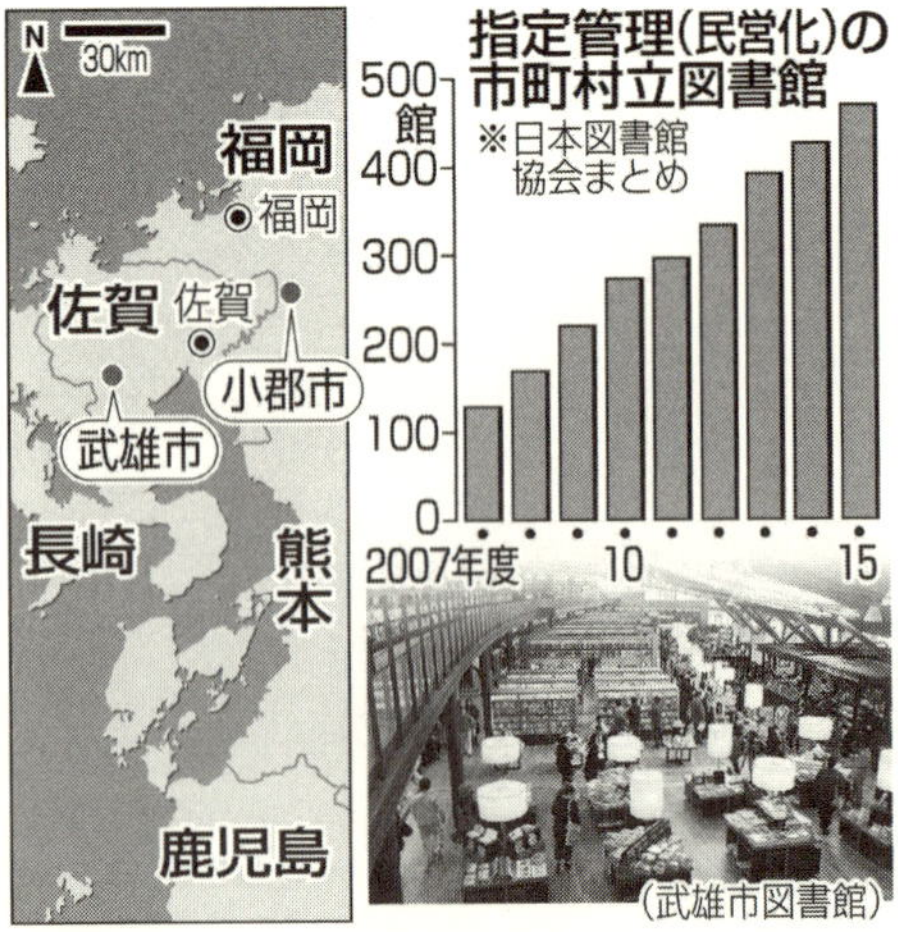

（武雄市図書館）

職員シフト複雑に、意思統一図れず

佐賀県武雄市図書館が「TSUTAYA（ツタヤ）図書館」として全国的に名をはせた2013～14年、各地から武雄市に押し寄せた視察団の多くが、隣県の小郡市立図書館にも立ち寄った。06年に指定管理を導入したものの1期3年で市の直営に戻し、多様な事業で本好きの子どもを増やしたからだ。視察団の質問は、直営に戻した理由と、実績を上げた取り組みに集中した。

中村文さん（1964年生まれ）は小郡市立図書館の司書。設置準備室に民間会社から派遣され、指定管理導入時、受託した公社の職員に立場が変わっても、ずっと勤め続けてきた。

6～8人いた正規職員が指定管理では3人に減り、短期雇用の非常勤職員が充てられた。書架を整理し、貸し出し記録から欠品を見つけたり、案内や書架のレイアウトを変更したり、閉館時間の仕事も多岐にわたるが「開館時間を長く」「休館日を少なく」という要請が強まった。「職員のシフトが複雑になって、全員が集まる機会が少なくなった」と振り返る。

「問題は、意思統一が図れなくなったこと」と中村さん。例えば差別的表現のある書籍や、罪を犯した少年の名前が出た雑誌を書棚に並べるかどうか。利用者の照会に答えるには、全員で話し合って一致した見解を持たなくてはならないが、時間が足りなかった。

子どもの読書増へ、学校と連携

この図書館に計3回、21年にわたって勤めた永利さんは、大学の史学科を卒業して地元の小郡市に就職した。１９８７年に市立図書館が新設されたのが転機。設置準備室に配属され、当時最先端と言われた関東の図書館に派遣されて実務をたたき込まれた。

２００８年に指定管理を受託した公社に出向する形で館長となり、運営の難しさを痛感する。新しいイベントや事業を思いついても、出向の身では市当局にじかに相談できない。現場からの発案も減った。年３千万円余りの経費は削減されたが、お金だけの問題なのかと自問する日々。「読書のまちづくり日本一」を掲げた当時の市長の方針で直営に戻

小郡市立図書館の書架や蔵書について説明する永利和則さん。
「図書館人は自分の仕事の大切さを、
もっと利用者に広く伝えなければならない」と語る
＝2017年2月14日、福岡県小郡市（撮影・後藤貞行）

ると、直ちに職員に呼び掛けた。「新事業のアイデアを出し、どんどん実現しよう」

学校の図書館や学級文庫に提供している本は学期ごとに入れ替える。学校で読書リーダーを養成する。書店にあるような宣伝用ポップの書き方をプロから教わるイベントを開く。国の食育推進の補助金で、絵本に出てくる食べ物を学校給食に出す…。職員のアイデアが次々に実現した。

永利さんは「力を入

れたのは、教育現場と連携して子どもの読書を増やすこと。直営ならば、市の教育委員会と学校の情報も共有できる。密に連絡を取り合い、予算化の相談も容易だった。手応えを感じた」と語る。

どんな図書館に、姿勢の問題

今、指定管理の導入を巡り議論が戦わされる全国の自治体を講演で飛び回る永利さん。どこでもこんな話をする。

「表現の自由や知る権利、健康で文化的な生活、教育を受ける権利といった憲法の理念を万人に、無償で提供することが公共図書館の役割。利潤と効率化が求められる民営化では、最も手を付けやすい職員の雇用、新規事業予算から削られる」

地方自治法改正により、指定管理が可能になったのは03年。日本図書館協会の調べでは、市町村立図書館約３２００館のうち、15年度までに４６９館が指定管理を導入し、さらに増える勢いだ。同時に職員の非正規化、職員に占める司書の割合の低下などが進む。

「直営か民営化か、ではなく、利用者や首長が地域にどのような図書館をつくりたいかという姿勢の問題。公共性を高めようとして初めて、効率化優先の弊害に気づくんです」

永利さんは、図書館を支える地域住民の役割にも期待している。

2月のある日、小郡市立図書館の奥の書庫では、職員が市の子育て支援施設に持って行く本を選び、キャスター付き本棚に並べる。育児雑誌や育児書、医学書、子育てを扱ったエッセーまで、母親たちが関心を持つだろう本が積まれていく。ささやかな公共性が、その仕事の中に宿っていた。

（由藤庸二郎）

History

公立図書館「教養高める公的な場」と最高裁

千葉県船橋市立西図書館の司書が2001年8月「新しい歴史教科書をつくる会」の会員や賛同者らの著作計107冊を廃棄し、つくる会側は損害賠償を求めて提訴した。

最高裁は05年7月の判決で、まず公立図書館は「住民に対して思想、意見その他の種々の情報を含む図書館資料を提供してその教養を高めることなどを目的とする公的な場」と位置付けた。その上で職務上の義務に反し「独断的な評価や個人的な好みで、不公正な取り扱いをしたときは、著作者の人格的利益を侵害し違法」として、船橋市の賠償責任を認めた。

日本図書館協会は判決後「国民の知る自由を守り、広げていくことが図書館の責務」とし、この責務を果たすため「図書館の自由に関する宣言」（1979年改訂）と「図書館員の倫理綱領」（80年）を自律的に実践すると表明した。

30.

「生き物の悲鳴聞こえる」国の根幹は自然、農業と訴える宇根豊さん

水深約5㌢の田んぼの中を、数え切れないほどの黒いオタマジャクシが泳ぎ回っている。「この水田に5万匹いる計算になる」。福岡県糸島市の農家、宇根豊さん(1950年生まれ)が田植えから10日ほどたった2017年6月18日、顔をほころばせながら話した。

田に足を踏み入れ、目を凝らすと、小さな虫がたくさんいる。ヒメアメンボ、ゲンゴロウの幼虫、イネミズゾウムシ、ガムシ…。宇根さんが次々に名前を挙げていく。

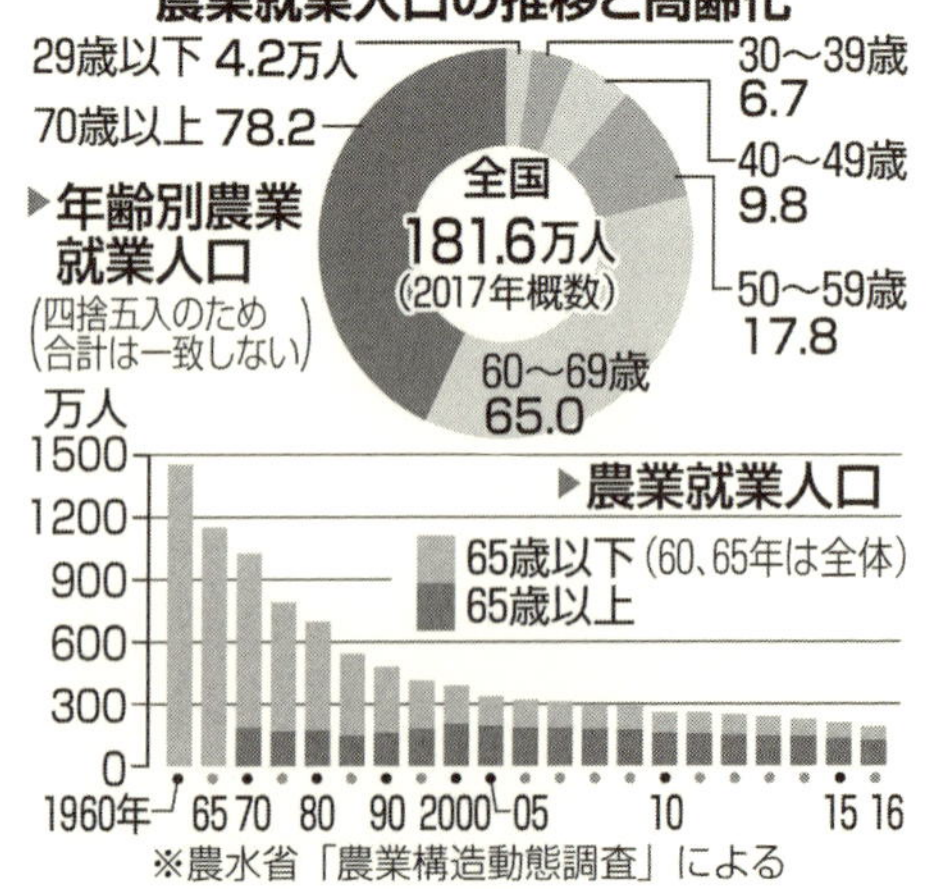

そのうち消える田園風景

宇根さんによると、田んぼと周辺にいる生物は植物が２２００種類、動物が２７００種類。

「昔の百姓に比べ、最近は農家もあまり種類を知らない。忙しくて目を向ける暇がないのだろう。利益にならないことに興味を持たない」と寂しそうに語った。

宇根さんの農法は、農薬や化学肥料、農業機械にほぼ頼らない昔ながらだ。田植えは手作業。あぜの草取りに除草剤は使わない。１日に何度も田畑を見回り、水やりをする。生育状況は作物に話しかけて確認する。「稲や生物の『声』を聞くようにしている」

そうして農作業に没頭していると、時がたつのを忘れる。農業をしていて良かったと心から思う瞬間という。その幸福感を「天地自然に抱かれ、その恵みを受け取る。百姓はこういう精神世界の中にいる」と表現する。

ただ、何百年も受け継がれてきた、この農業の世界が今、崩れつつあると感じている。

「田や畑にいると、生き物の悲鳴が聞こえてくる。いつも会えた虫や草が年々いなくなっていく。一方で高齢になった農家が田畑を手放すようになり、荒れ地が増えた。集落を維持できなくなった地域もある。このままでは、田園風景はそのうち消えてしまう」

自然破壊と農業離れ。原因はいずれも現代社会にあると考えている。

農業にも経済合理性？

17年7月29日、猛暑に見舞われた熊本県八代市の民家の前には、100人近い農業関係者が全国から集まった。この場所で約50年前に亡くなった高名な農業指導者、松田喜一の教えを、現代の視点で捉え直そうとする集会だ。宇根さんも主催者の1

豊かに実った赤米の田んぼを見て回る宇根豊かさん。コシヒカリ全盛のいま、赤米は宇根さんのこだわりだ＝2017年9月2日、福岡県糸島市（撮影・藤井保政）

人として参加した。

松田は戦前から戦後にかけ、農業を志す多くの若者を育てた。「稲の声が聞こえるようになれ」という独特の教え。70年前に研修生として1年間、松田の農場に住み込んだという福岡県の男性（1928年生まれ）は「教えを実践し、悔いのない人生を送れている。松田先生のおかげ」と感慨深げに語った。

松田は、資本主義経済が農家に及ぼす影響を危惧していた。「右も左も給料取りばかりで、骨を折らず派手な生活をする者も多い。機械化の道が開け、所得を増しても、世の中の誘惑に勝てず、百姓嫌いになる」

戦前の多くの農業指導者も著作などで同じような心配をしている。明治以降、農業にも資本主義的な発想が入ってきた。コストを下げて生産性を上げ、所得を増やす。技術革新を進め、労働時間を減らす。経済的合理性の追求という、現代では常識と言えるこうした考え方を、農業に当てはめてはいけないのではないか。「そもそも近代化や資本主義と農業は合わない」と訴えていた。

宇根さんも「収穫量には限界がある。それを超えて収穫を増やそうと農薬や肥料を加えて実現しても、自然環境に大きな負担がかかる。やがて土地はやせ衰え、生物は死ぬ」と共感する。

人間中心でいいのか

現代社会の影響を受け、農家の精神は変わったようだ。農林水産省の統計によると、1960年に約1400万人いた農業就業人口は200万人を下回った。より収入が安定するサラリーマンを好む傾向が進んだとみられている。

「昔の百姓は農作物ができた、とれたと言った。最近は『作った』と言う人がいるが、この表現からは、人間が自然の制約を克服したと言うような、自然を見下した傲慢（ごうまん）さが読み取れる」

「人間中心主義」とも言えるこうした感覚は、国の根幹である憲法にも見て取れると指摘する。「憲法は人権の大切さを書いている一方、自然の大切さへの言及はない。明治憲法もこの点が欠けているが、当時は国民の多くが農家だったから、当たり前すぎて書かなかったのではないか」

もっと自然に目を向けてほしいとの思いから、同じ考えの人々と「生き物調査」を提唱。2001年にNPO法人をつくり（10年解散）、子どもたちや農家を集め、各地の田んぼにどんな生物がいるのかを観察してきた。国も支援に乗り出し、活動は全国に広がった。

17年6月18日の生き物調査。宇根さんの水田では、緑色の1センチ程度の生物が泳ぎ回っていた。「それはホウネンエビ。これが出る年は豊作と言われる」

（斉藤友彦）

History

環境権、具体的権利と認めず

環境権は憲法の教科書で「健康で快適な環境の保全を求める権利」「良い環境を享受し、これを支配する権利」などと定義される人権の一つ。日本国憲法に環境権を定めた条文はないが、13条の幸福追求権や25条の生存権を根拠に、認められるとする学者は多い。政府は国会で「（国には）国民が健康で文化的な最低限度の生活ができるよう環境保全のための諸施策を実施する責務がある」と答弁している。

ただ環境権を明確に認めた裁判例はなく、作家松下竜一さん（2004年死去）らが環境権に基づき、九州電力豊前火力発電所の建設差し止めなどを求めた訴訟では「実定法上の具体的権利として是認しえない」（1979年8月の福岡地裁小倉支部判決）とされた。

国会図書館の調査資料によると、フランス、スペイン、韓国、エチオピアなどは憲法に環境権を定めている。

31.

イスラム教「テロ宗教ではない」モスクで広報を担当する下山茂さん

東京都渋谷区の小田急線代々木上原駅から数分歩くと、ドーム形の屋根やミナレットと呼ばれる細長く、とがった塔が見えてくる。東京ジャーミイ。トルコ語の「ジャーミイ」はイスラム教の大きな礼拝所（モスク）を意味する。土日は午後2時半から予約不要の無料見学会があり、日曜日の2017年8月13日は約80人が集まった。女性が多い。

「イスラム教徒（ムスリム）は16億人。将来は現在22億人のキリスト教徒より多くなると言われているが、ごく一部のテロで『怖い』というレッテルを貼られている」

1階のホールで広報担当の下山茂さん（1949年生まれ）が見学者に説明を始めた。

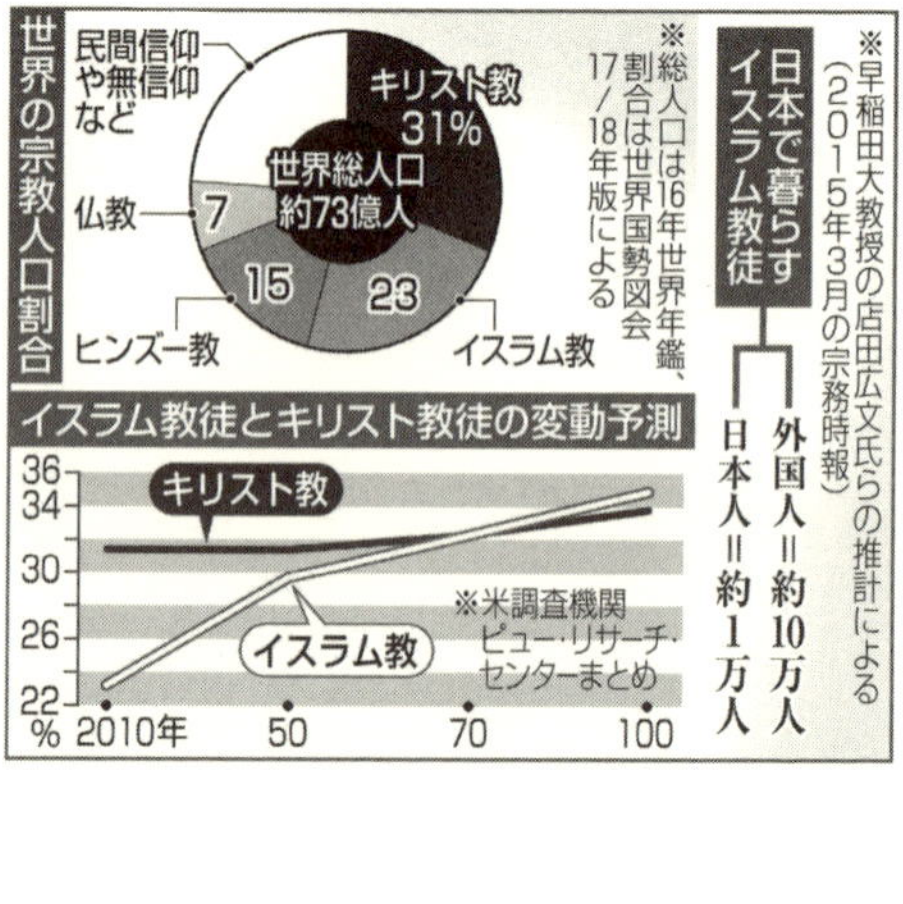

1日5回、唯一神アッラーに礼拝

東京ジャーミイの前身「東京回教礼拝堂」は、ロシア革命を逃れて日本へ移住したトルコ人たちによって1938年に建設された。老朽化して86年に取り壊されたが、トルコ政府の援助で2000年に東京ジャーミイとして再建されたという。

続いて下山さんは、イスラムの国々で発明されたものを描いた世界地図を掲げる。コーヒー、カメラ、方程式…。「高度な文明を生んできた。イスラムも入れて世界を見てほしい」

2階の礼拝堂へ。靴を脱いで入ると、カーペットが敷かれているだけで机や椅子はない。ムスリムは早朝、昼すぎ、遅い午後、日没後、就寝前の1日5回、聖地メッカの方角に向かい、唯一神アッラーに礼拝する。

十数人による遅い午後の礼拝を見学。「アッラー・アクバル（神は偉大なり）」などと唱えながら、直立で両手を耳の横へ、次いで両手を重ねて胸の前で組む。お辞儀の姿勢を取り、再び耳の横に両手。そして膝を折って額や鼻、手を床に…。「食事が体に栄養やエネルギーを与えるように、礼拝は心や精神の糧になる」と下山さん。「タイルなどにチューリップが描かれているのはなぜか」という見学者の質問には「一つの茎に一つの花しか咲かない。一神教を象徴する」と答えた。

平等と分かち合い、普遍的教え

下山さんとイスラム教との出会いは、1969年にさかのぼる。早稲田大探検部でナイル川をゴムボートで下り、スーダンの村を転々とした。ムスリムが多い村で、寝床を提供してくれるなど親しくもてなされ、その優しい心に打たれた。「イスラム教の普遍的な教えは平等と分かち合い。皮膚の色や民族、言語、血筋、階層などで人に優劣をつけない。横一列で礼拝するのも平等。カトリックのようなヒエラルキーもない。余分な富は社会に還元し、格差を縮めるために使う」

帰国後、下山さんはイスラム教の団体づくりに関わり、26歳の時に入信した。「必然だった」と振り返る。早大で同じクラスの男性は「大学へ来なく

なり、それきりになったが、探検部でユニークな人だったことはよく覚えている」と語る。

下山さんはその後、イスラム教の団体を離れ、テレビ局や出版社で働く。40代、50代は編集プロダクションで会社案内や学校案内を作っていた。

2001年9月11日の米中枢同時テロ。「何をやっているのだ。大変なことになる。モスクに集まらないと」と思った。信仰心が高まり、東京ジャーミイへ通うようになった。ジャーミイの出版を手伝い、10年から専従の広報担当に。「日本では、信教の自由が保障され、イスラム教も選択できる。しかし、知らなすぎる。イスラムの真の姿を、テロの宗教ではないことを伝えたい」

「あなたに平安あれ」

ムスリムに集団礼拝が義務付けられている金曜日の17年8月18日。東京ジャー

無料見学会の参加者に礼拝堂の説明をする下山茂さん。
「礼拝では（両手を下から耳の横まで上げる）最初のポーズで仕事のこととか、家のこととか、全部後ろへやって、神と向き合う。イスラムは形の宗教」
＝2017年8月13日、東京都渋谷区の東京ジャーミイ（撮影・萩原達也）

ミイの礼拝堂は満員となり、テラスに人があふれた。都内に住むトルコの人々や日本人数人のほか、留学中のセネガル人や群馬県から来た実習生のインドネシア人。

「一家で旅行中」という中国・雲南の男性には男の子が寄り添う。妻は女性用のスペースへ。旅行者はフランスやパキスタンからも。バングラデシュの男性は「国際協力機構（JICA）で研修中」と話した。

午後0時45分、集団礼拝の始まりが告げられ、イマーム（指導者）が聖典コーランの一節を引いて説教する。善行や誠実を求めているようだ。

同1時15分から、７００～８００人が一斉にいつもの礼拝に。テラスのカーペットが足りず、段ボールを敷く人もいた。

礼拝が終わると、ここはコミュニケーションの場。「アッサラーム・アライクム（あなたに平安あれ）」と声を掛け、手を差し出すと、初対面でも「アレイクム・サラーム（あなたにこそ）」と言って手を握り返す。

「黙っていたら、敵か味方か分からない。『平安あれ』と手を伸ばしてみる」と下山さん。「日本は欧米ばかりを手本にしてきたが、世界宗教のイスラム教から学ぶことはたくさんあるはずだ」

（竹田昌弘）

早稲田大探検部の一員として1969年、スーダン・ダルフールの村を訪れた下山茂さん（当時20歳）。隣は村の長という（下山さん提供）

History

「宗教上の人格権」認めず

キリスト教徒の中谷康子さんは1968年、自衛官の夫を公務中の交通事故で亡くした。自衛隊山口地方連絡部から山口県護国神社に合祀すると知らされ、拒否したが、隊友会山口県支部連合会の申請で合祀された。中谷さんは73年、損害賠償などを求めて提訴した。

一、二審は合祀を地連と隊友会の共同行為と認定。憲法が定める政教分離に反するとし、夫を静かに追慕する「宗教上の人格権」の侵害も認め、一審は国と隊友会、二審は国に賠償を命じた。

しかし、最高裁は88年6月の判決で、合祀は隊友会の単独行為などとして、政教分離違反を否定。憲法による信教の自由の保障は「強制や不利益を伴うことで自己の信教の自由を妨害するものでない限り（他人の宗教には）寛容であることを要請している」との判断を示し、宗教上の人格権も認めなかった。中谷さんの逆転敗訴が確定した。

32.

救った命に寄り添う
「医療的ケア児」支える埼玉医大センター長、
田村正徳さん

埼玉県川越市にある埼玉医大総合医療センターの新生児集中治療室（ＮＩＣＵ）。母親のおなかの中の環境に近づけるため、薄暗く保たれたフロアに保育器が並ぶ。

２０１７年８月４日午後、同大の総合周産期母子医療センター長を務める田村正徳さん（１９４９年生まれ）が、妊娠23週で生まれた男の赤ちゃんが眠る保育器に両手を差し入れた。聴診器を胸にあてると、４００㌘にも満たない、産毛に包まれた小さな体がくすぐったそうに動く。田村さんの表情が少し緩んだ。

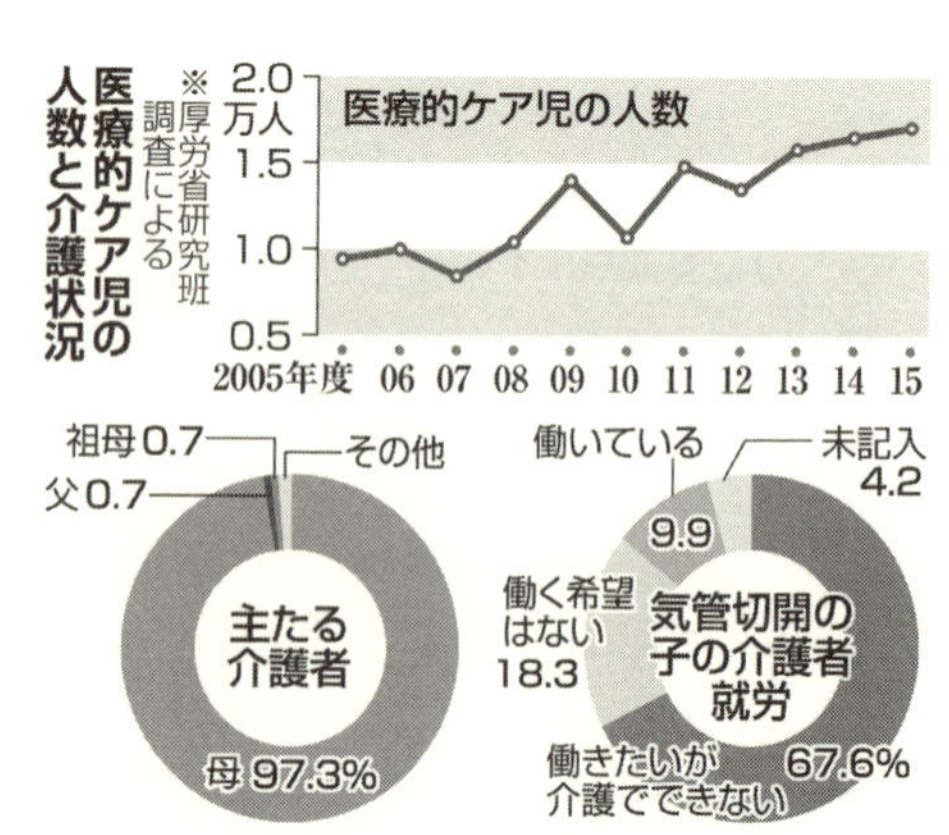

見過ごせない、家族の犠牲

早産の超低体重児や脳に障害が残った赤ちゃん、心臓や肺に先天性の病気がある子―。ベッド数51床、国内最大級のＮＩＣＵは、命を取り留めたものの、重篤な状態から抜け出せない子どもたちで埋まり、スタッフがせわしなく動く。

子どもたちの多くは、喉に開けた穴や口にチューブを入れ、人工呼吸器をつけている。口からミルクが飲めない子には、胃に穴を開けて栄養を送る胃ろうをつくる。真剣なまなざしで、喉の穴からたんを吸引する方法を看護師に教わる母親の姿も。「容体が安定すれば、呼吸器をつけたまま退院して在宅医療に移る。その準備です」。田村さんが教えてくれた。

出産年齢の上昇や不妊治療の普及による多胎児など、さまざまな要因で〝ハイリスク出産〟が増える一方、医療技術の向上で救えなかった命が救えるように。医療機器の力を借りながら生きる子どもたちは、いつしか「医療的ケア児」と呼ばれるようになった。

「だが医療や福祉、介護、教育など子どもたちのその後を支える制度は十分とはいえない」と田村さん。母親がわが子のために全てを犠牲にする姿を見過ごせず、患者や家族のための活動を続けてきた。その一つが家族の休息の場となる短期入所施設「カルガモの家」の開設だ。

NICUのある病棟から歩いて数分。2階建てのカルガモの家（ベッド数44床）には、医師や看護師もおり、NICUを退院して自宅に戻った子どもたちを一時的に預かってくれる。

睡眠3時間、なくてはならない一時預かり

「謙信、ごはんにしようか」。この日夕、カルガモの家に預けた長男謙信君（2010年生まれ）の様子を見に来た埼玉県の松本麻衣さん（1983年生まれ）が胃ろうに栄養を注入する準備を進めながら話しかけた。

謙信君は脳に障害があり、言葉を発することができない。人工呼吸器もつけている。シングルマザーで次男もいる松本さんは国家公務員。週2日出勤、3日は在宅勤務で両立を図る。

出勤の日は、午前5時半に謙信君への最初の栄養注入。終わるや否や、身支度をして次男に朝食を食べさせ、保育園を経由して出勤する。謙信君は自宅に残し、午後5時に帰宅するまでは、妹や訪問看護師、ヘルパーを

母親のおなかの中でうまく育つことができず、
緊急帝王切開で生まれた赤ちゃんを診察する田村正徳さん。
シュバイツァーに憧れ東大医学部に進み、
「未来ある子どものために」と小児科を選んだ
＝2017年8月4日、埼玉県川越市（撮影・堀誠）

頼る。帰宅後も家事と育児に追われ、午後9時に次男を寝かしつけながら就寝。午前0時に起きると夜明けまで、寝返りが打てない謙信君のために体位を交換し、おむつを取り換える。

睡眠は3時間。「呼吸器を自分で外してしまうこともある。起きていないと心配で…」。長年の看護疲れが顔ににじむ。

謙信君をカルガモの家に預けることができる月に9日間、松本さんは少しだけ心身を休め、甘えたい盛りの次男との時間を過ごす。「私たち親子にとってここはなくてはならない場所です」

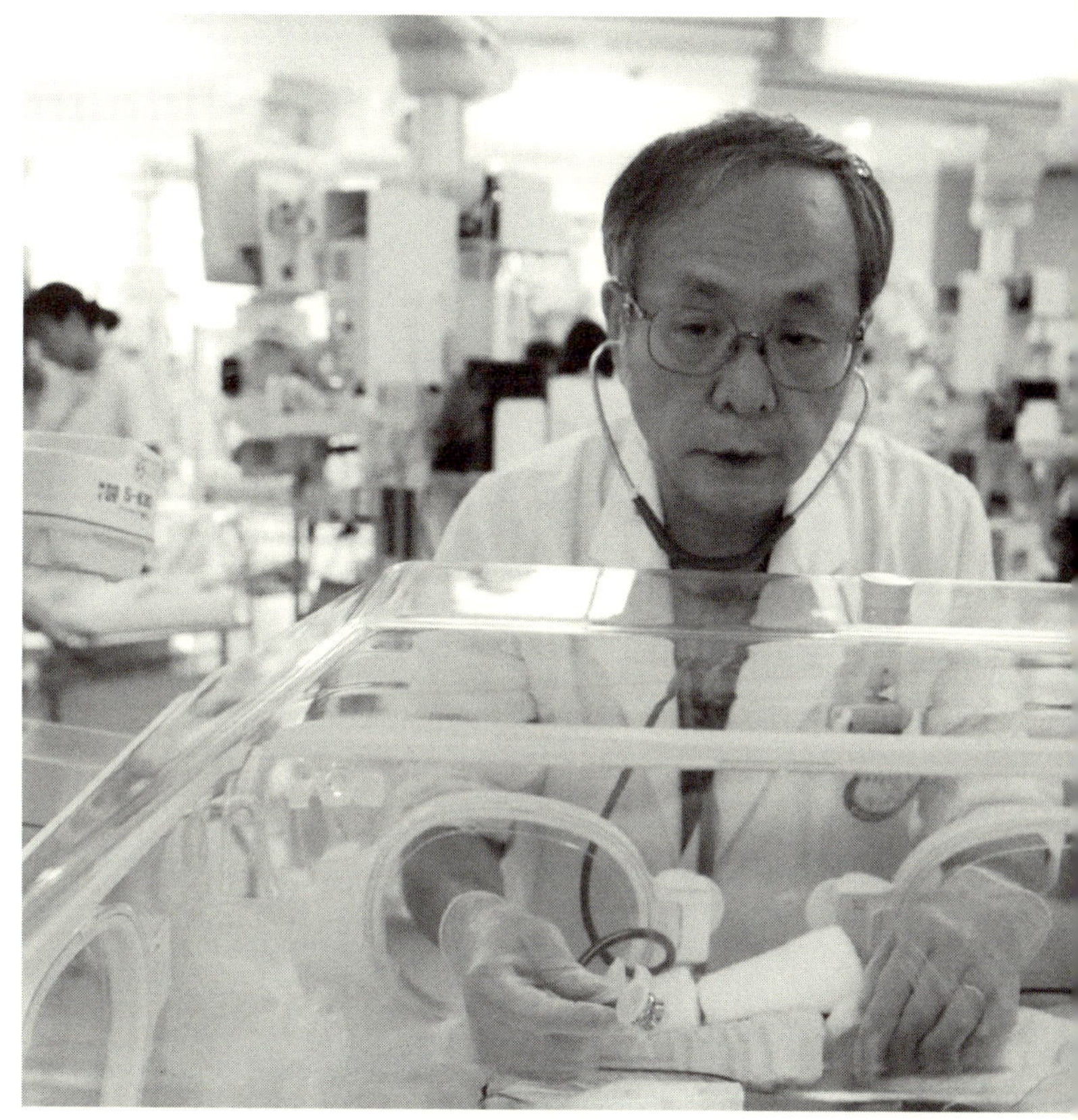

制度から取り残された患者、家族を代弁

田村さんがカルガモの家を設けるきっかけは、約10年前、NICUに1年以上、入院する子どもが右肩上がりに増え始めたことだった。

各地の医師、看護師らを束ねて国の研究班をつくり、原因を探ると「子どもの訪問診療をしてくれる医者がいない」「呼吸器をつけた患者の対応はできないと訪問ヘルパーに断られる」など、NICUを出た途端、一気に支えを失って追い詰められていく家族の現実が見えてきた。

「長期入院を解消するためにも、家族が休息できるような

預かり施設をつくれないか」と埼玉医大の上層部に提案、２０１３年春の開所にこぎ着けた。並行して「子どもの在宅医療を支える人を育てよう」と医療者やソーシャルワーカーらに呼び掛け、ノウハウを学び合う研究会も発足。参加者は延べ2千人を超え、その輪は広がっている。

16年5月25日。国会で成立した改正児童福祉法では、初めて医療的ケア児に言及があり、自治体は支援に努めることが定められた。「制度のはざまで取り残されてきた患者や家族にとって一歩前進」と田村さんも感慨深げだった。

医師として救った命がその先も尊重され、幸せな時間を過ごせるよう、田村さんは願う。だからこそ親子に寄り添い、代わりに声を上げ続ける。（土井裕美子）

カルガモの家で長男謙信君と過ごす
松本麻衣さん。
謙信君は小学生になったが、週3日1回90分、
自宅での訪問授業しか受けられない。
「通学には親の送迎が必須。まだまだ壁は高い」
＝2017年8月4日、埼玉県川越市
（撮影・堀誠）

History

障害ある子、保育一律拒否違法

気管の病気で喉にチューブを装着し、定期的にたんの吸引などが必要だった青木鈴花さん（2000年生まれ）は、東京都東大和市に保育園では対応できないとして入園を拒まれ、両親とともに提訴。東京地裁は06年10月の判決で、市に入園を承諾せよと命じた。

判決では「児童福祉法により市町村は保育の責務を負い、障害者の保育を一律に認めないことは許されない」と指摘。障害の程度や内容を踏まえ「身体的、精神的状態や発達の点で障害のない子と同視できるかどうか」で判断すべきだとした。

鈴花さんはたんの吸引などに配慮は必要だが、保育園での保育は可能とし「市の判断は裁量権の乱用で違法」と断じた。

鈴花さん側の弁護士によると、障害のある子の入園承諾を巡る初の判決例という。鈴花さんは保育園に通い、市立小の普通学級へ進学した。

33. 裁判員、国民の権利　刑務所見学続ける経験者、小田篤俊さん

全国に10カ所ある女性受刑者の刑務所の中で、最大の栃木刑務所（栃木県栃木市）。青空が広がった2017年6月14日、無作為に選ばれた裁判員として東京地裁や千葉地裁などで刑事裁判に参加した男女9人が見学に訪れた。

居室や刑務作業をする工場などを回り、職員から「平均年齢49・5歳」「約半数は身体または精神に疾患や障害がある」「裁判員裁判への不満は聞いたことがない」などの説明を聞いた。

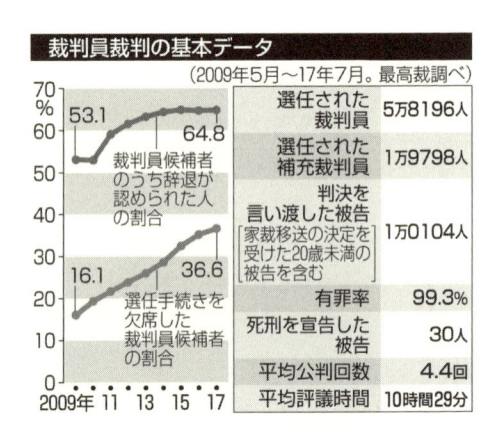

裁判員裁判の基本データ

（2009年5月～17年7月。最高裁調べ）

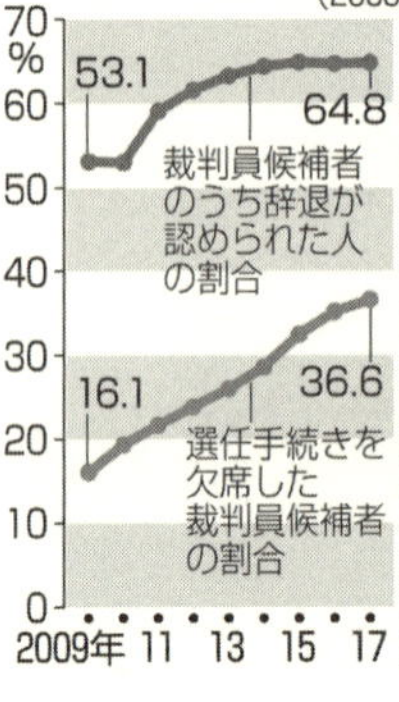

70%
60
50
40
30
20
10
0
2009年 11 13 15 17
53.1
64.8
裁判員候補者のうち辞退が認められた人の割合
16.1
36.6
選任手続きを欠席した裁判員候補者の割合

選任された裁判員	5万8196人
選任された補充裁判員	1万9798人
判決を言い渡した被告［家裁移送の決定を受けた20歳未満の被告を含む］	1万0104人
有罪率	99.3%
死刑を宣告した被告	30人
平均公判回数	4.4回
平均評議時間	10時間29分

「お金を払ってもやりたかった」

「居室に新聞がなかったが、新聞は読んでいないのか」と東京地裁の裁判員経験者、小田篤俊さん（1971年生まれ）。男性受刑者が入る宮城、府中、徳島各刑務所などを見学し、新聞を取っている人が多いのを知っていたので尋ねた。ここでは、取っている人は少ないという。

小田さんは裁判員裁判がスタートして2年目の2010年7月、強盗致傷事件の裁判員となる。審理は4日間。「お金を払ってもやりたいと考えていた。裁判員同士も、裁判官とも、話しやすい雰囲気でよかった」

公判では、被告に関する情報がたくさん提出され、驚いた。検察側は強盗現場に行っていない被告が「主犯」として共犯者より1年重い懲役13年を求刑したが、被告は金に困っておらず、一回り若い共犯者に君付けで呼ばれ、2人で入った居酒屋では、被告の嫌いなつまみを注文されていたことなどから「主犯ではない」と判断。懲役8年6月という結論を出した。

情状酌量を求めて証言した父親は中国残留孤児で、証人として真実を述べるという宣誓書が読めなかった。小田さんと同じ年齢の被告が育った環境が恵まれたものではなかったことも知った。

全く不平等、裁判員は「お客さん」

一方、裁判員と裁判官は「同じ権限」と言いながら、法壇で目立たない黒の法服は裁判官しか着用できない。有罪かどうかや刑は過半数の意見で決まるが、その中には裁判官が1人以上必要とされ、裁判員の守秘義務違反にだけ罰則がある。

さらに裁判官は裁判員に先立ち、公判前の手続きで事件の情報を得ている。小田さんが被告と共犯者が出会った経緯を知りたがると、裁判官から「あすになれば分かる」と言われた。

「全く平等ではない。裁判員は『お客さん』で、なめられている。裁判所や捜査機関に任せきりで、どんな人が裁かれているか、何も知らなかったことも悔しかった」

水産会社での仕事の傍ら、小田さんは刑事司法の本を読み、他の裁判員経験者の話を聞き、刑務所見学へ行くようになる。懲役刑の実情を知り、被告に宣告した「8年6月」が相当だったかどうかを考え続けている。

小田さんもメンバーで刑務所見学などを主催する「Lay Judge Community Club（LJCC、非法律家裁判官の交流団

見学を終え、栃木刑務所を出た小田篤俊さん。
職員の説明によると、定員を11人上回る666人を収容。
「男性受刑者は単独室へ行きたがるが、
女性は共同室を好む」という
＝2017年6月14日、栃木県栃木市（撮影・藤井保政）

体）」は同様に東京地裁の裁判員だった田口真義さん（１９７６年生まれ）が12年に結成。保護責任者遺棄致死事件の審理を一緒に担当した裁判員経験者と会いたいというのが交流団体をつくった動機だったが、報道などで知った各地裁の裁判員経験者約30人がメンバーに加わった。

田口さんら有志は最高裁に対し、①争点や法廷で調べる証拠を決めた公判前整理手続きの内容を裁判員に提示、

②裁判員選任手続きの公開、③希望する裁判員経験者への控訴審期日の通知―などを提言したものの、何の反応もない。

守秘義務課され「隠れキリシタンのようだ」

大阪府高槻市の会議室で2017年7月9日にあったLJCCの交流会。田口さんの司会で、大阪地裁の裁判員だった70代後半の男性は、夜7時すぎまで評議が続いたことや判決後に法廷で記念撮影したことなどを笑顔で語った。

京都地裁で裁判員を経験した女性は「専門家の裁判官が教え、私たちが教えられる関係だった。台本通りにやってという感じ」と振り返る。

最高裁によれば、今年7月までに選任された裁判員は5万8196人もいる。しかし守秘義務が課されているためか、こうした貴重な経験を語る人は少ない。「隠れキリシタンのようだ」と評する人までいる。LJCCのメンバーも頭打ちだ。

また裁判員の候補者となっても辞退する人が年々増え、17年1〜7月は辞退率が64・8％に上っている。出席を義務付けられた選任手続きに来ない人の割合も右肩上がりで、36・6％となった。

「お任せ民主主義でいいのか。主権者の国民にとって裁判員を務めることは義務ではなく、権利だと思う。国民が参加することで閉鎖的な司法に風穴をあけ、公正な裁判を実現できるのではないか」と小田さん。

とはいえ、裁判員経験者のアンケートでは、90％を超える人が「やって良かった」と回答。裁判所が「やってみませんか」と声を掛けるなど、もっと丁寧に対応すれば、状況が良くなるのではないかと小田さんはみている。（竹田昌弘）

《追記》小田篤俊さんは２０１７年11月15日、病気のため急逝されました。衷心よりご冥福をお祈りいたします。

History

「裁判員制度合憲」と最高裁

裁判員裁判は国民から無作為に選ばれた裁判員６人が裁判官３人とともに、重大事件の被告が有罪かどうかを判断し、有罪のときは刑も決める制度。「司法の国民的基盤を確立する」として政府の司法制度改革審議会が2001年６月の意見書で制度導入を提言し、裁判員法が施行された09年５月から始まった。

覚醒剤密輸事件の被告が「憲法は国民が裁判を行うことを想定していない」などとして、裁判員裁判は適正手続きや「裁判を受ける権利」を保障した憲法31条、32条などに違反すると主張した。

最高裁は11年11月の判決で「刑事裁判の使命を果たすことと、そこに国民が参加して民主的基盤の強化を図ることは相いれないものではなく、憲法は、一般的には国民の司法参加を許容し、その内容を立法政策に委ねている」などとして合憲の判断を示した。

34.

日米外交を切りひらく
市民目線でロビー活動を続ける弁護士、
猿田佐世さん

２０１７年９月12日、初秋の米ワシントン。筋雲の下を吹く涼風が米連邦議会周辺の芝生や木々を揺らす。下院議員会館の一つ「レイバーンビル」の一室で東京から来た弁護士、猿田佐世さん（１９７７年生まれ）が議会スタッフを前に、早口の英語で言葉を継いだ。

「日米原子力協定について、議員から国務省に質問状を出すことをご検討いただけませんか。公聴会開催の可能性はいかがでしょうか」

スタッフが「検討してみたい」と答えると、猿田さんは相好を崩しながら部屋を後にした。

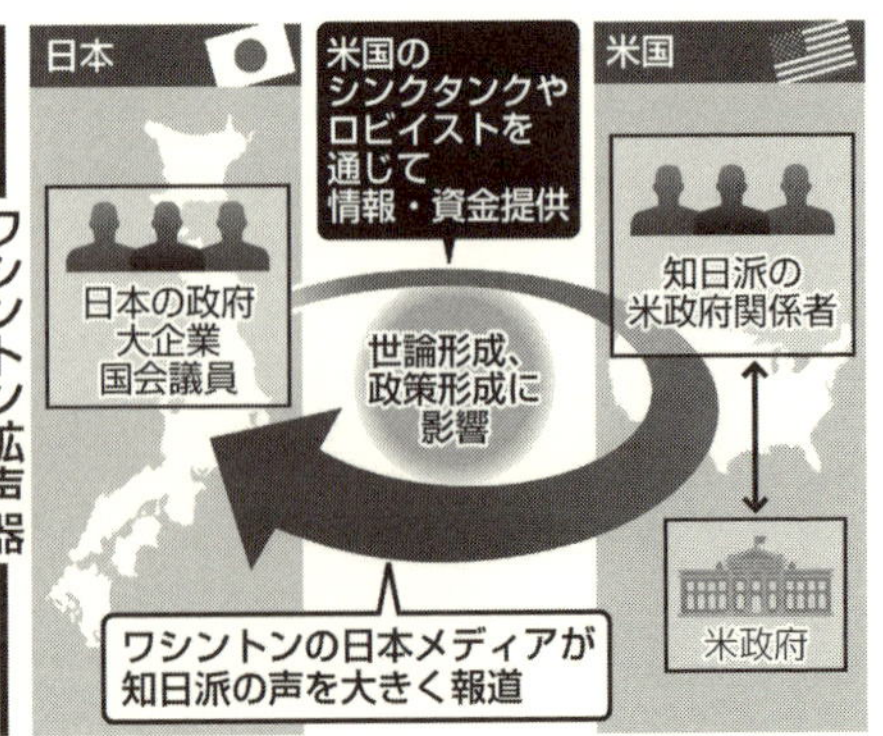

核爆弾6千発分、日本保有のプルトニウム

「新しい日米外交を切りひらく。沖縄の米軍基地問題、日米安保政策、原発問題など、日本に多様な声があることをワシントンに届けたい」と猿田さん。弁護士業を営みながら、自身が事務局長を務めるシンクタンク「新外交イニシアティブ」を拠点に、手弁当で市民外交を展開する。

この日、米議会でロビー活動を行ったのは、2018年7月に発効から30年の「満期」を迎える日米原子力協定に米議会の関心を振り向け、政策変更を促すためだった。

東京電力福島第1原発事故の前、日本は原発54基を持つ世界3番目の原子力大国だった。その後ろ盾は同盟国の米国だ。

米政府は1988年以降、日米原子力協定に基づき、日本が原発の使用済み燃料を再処理して核爆弾の原料にもなるプルトニウムを生成することを容認。日本はこれを燃料にして原発で再利用する「核燃料サイクル」を進めてきたが、原発事故でその実現性には一層暗雲が垂れ込めている。

これまでの再処理の結果、日本が保有するプルトニウムは核爆弾6千発分の約47トン。その消費のめどが十分に立っていないにもかかわらず、政府と電力会社

は青森県六ヶ所村の再処理工場を新たに稼働させたい考えだ。

知日派、「再処理反対」の声無視

「米国の『核不拡散の原則』からすれば日本の再処理事業は理解しがたい」と猿田さん。実際に核軍縮・不拡散を担当する米国の政策担当者や専門家は「平和国家」日本のプルトニウム大量保有を懸念しているという。

ところが「知日派」と呼ばれる日米同盟を重視する米政府関係者らは、核燃サイクルを推進する日本政府や電力会社の主張ばかりに耳を傾け、日本の市民社会に存在する「再処理反対」の声を無視している──。こう猿田さんは嘆く。

日本のプルトニウム問題を巡り、米専門家の意見に耳を傾ける猿田佐世さん。「外交ルートに乗らない日米双方の多様な声を連携させたい」と語る＝2017年9月12日、米ワシントン（撮影・川尻千晶）

日本の「声なき声」をワシントンに伝えるために、猿田さんはこれまで何度も太平洋を往復し、米議員や議会スタッフと面会してきた。1日に議員オフィスを10軒近く回ることも少なくない。

2017年9月の訪米時は、シンポジウムや討論会を繰り返した。

「猿田さんはとにかく果敢。話のポイントをうまく押さえ、相手の懐に飛び込んでいく。そしてグイッと、こちらの関心に相手を引きつける」

この訪米に同行した市民団体「原子力資料情報室」の松久保肇さん（1979年生まれ）は、プロのロビイスト顔負けの対議会ロビー工作に舌を巻く。

「ワシントン拡声器」影響力大きく

猿田さんはニューヨークのロースクールに通って2009年に現地で弁護士登録。その後ワシントンに移り、大学院で3年間、国際政治と国際紛争解決を学んだ。この時から議会などへのロビー活動や政策提言を続けているが、そのエネルギーの多くを沖縄の在日米軍基地問題に割いてきた。

猿田さんを最初に突き動かしたのは、米軍普天間飛行場（沖縄県宜野湾市）の移設問題だ。09年の政権交代に当たり、首相となる旧民主党の鳩山由紀夫氏が「県外移設」を主張し「辺野古（沖縄県名護市）移設」に反対する沖縄県民もこれを強く支持した。

しかし、辺野古を「唯一の解決策」とする日本の官僚機構はこれに抵抗。米政府も辺野古移設で譲らず、鳩山氏は「米国の圧力」もあって早期退任に追い込まれた。辺野古移設に反対する声は、沖縄のみならず、全国的に高まっていたのにだ。

猿田さんはこの過程を通じ、日本メディアによってワシントンから発信される情報が東京の政策決定や日本の世論形成に大きな影響力をもたらす実態を垣間見た。猿田さんはそれを「ワシントン拡声器」と表現する。

訪米した日本の国会議員が、ワシントンで大物知日派とされる元米政府高官と会談し「辺野古が唯一の解決策」と伝達される。それがこの議員を通じ日本人特派員にブリーフされ、ワシントン発の記事として日本で大々的に報じられる——。日本の政官財と通じる一握りの知日派の声ばかりが大きく伝えられる日米同盟の現実。「米国の声とは何なのか。日本の声とは何なのか」。日米双方に存在する多様な意見や表面化しない異論、さまざまな人々の肉声を伝えようと、猿田さんのワシントン行脚は続く。

（太田昌克）

History

再処理工場許可取り消し、裁判24年

核燃料サイクル事業は電力会社などが株主の日本原燃が主体となり、青森県六ケ所村で①ウラン濃縮工場、②低レベル放射性廃棄物埋設センター、③高レベル放射性廃棄物貯蔵管理センター—の三つを操業している。④原発から出た使用済み核燃料の再処理工場は建設中。

周辺住民と支援者は1989年以降「安全性が不十分」などとして、①〜④の国の事業許可取り消しなどを求める訴訟を青森地裁に相次いで起こした。①と②の訴訟は最高裁で原告敗訴が確定。残る2件は続いている。

中核施設④の提訴は着工した93年で、地裁は2003年に工場を検証。その際、日本原燃は「核物質防護上の理由」で主工程の検証を拒んだが、その後報道機関に公開したことから、04年に再検証があった。17年9月の第100回口頭弁論では、原告側が耐震性を問題視する新たな主張をした。

35.

水俣病「終わってない」支え合う胎児性患者、坂本しのぶさんら

熊本県水俣市。国道3号から路地に入り、住宅地を歩くと、障害者がエコバッグなどを作っている共同作業所「ほっとはうす」にたどり着く。

チッソ水俣工場がメチル水銀を含む排水を海に流し、汚染された魚介類を母親が食べたことで、生まれながらに水俣病を患った60歳前後の胎児性患者たちが毎週土曜夜、ここで夕食を共にする。

残暑が厳しい2017年9月2日に集まったのは6人。比較的体を動かせる永本賢二さん（1959年生まれ）が米焼酎の水割りを作り、車いすの半永一光さん（1955年生まれ）に差し出す。言葉は発せないが「うまい」と伝えるように、ほんのり頬を赤く染め、笑みを返した。

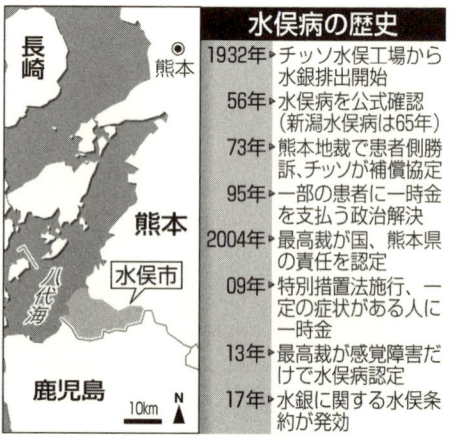

長崎
熊本
熊本
八代海
水俣市
鹿児島
10km
N

水俣病の歴史

1932年	チッソ水俣工場から水銀排出開始
56年	水俣病を公式確認（新潟水俣病は65年）
73年	熊本地裁で患者側勝訴、チッソが補償協定
95年	一部の患者に一時金を支払う政治解決
2004年	最高裁が国、熊本県の責任を認定
09年	特別措置法施行、一定の症状がある人に一時金
13年	最高裁が感覚障害だけで水俣病認定
17年	水銀に関する水俣条約が発効

「みんなどんどん悪くなっています」

この日の話題は、17年9月24日からスイス・ジュネーブで開かれる「水銀に関する水俣条約」の第1回締約国会議だった。条約は水銀使用を世界規模で規制し、水俣病の悲劇を二度と起こさないという、患者たちの願いを実現する第一歩と期待されている。

永本さんが口火を切った。「水俣病は終わった問題なのか。（行政に患者と認定されず、補償が受けられない）未認定患者がたくさんいるのに、どうするのか」。半永さんが同意するように、目を大きく開いて「あー」と低い声を出した。

同月28日、ジュネーブの国際会議場。締約国会議の公式プログラム「水俣への思いをささげる時間」の中で、胎児性患者の坂本しのぶさん（1956年生まれ）がスピーチした。

「水俣病は、終わって、おりません」。言葉を絞り出し、不自由な身をもって水銀被害の深刻さと規制の必要性を世界に訴える。

坂本さんは半永さんら胎児性患者のサインが入ったTシャツを着込んでいた。「（他の患者も）みんなどんどん（体の状態が）悪くなっています。みんなの気持ちを持ってきました。公害を起こさないでください」

40代から身体、言語の機能低下

40代で歩けなくなった金子雄二さん（1955年生まれ）は週に2回、水俣市内にある国立水俣病総合研究センター（国水研）へ、リハビリに通う。

海が近い集落で、兼業農家の三男として生まれた。父親は金子さんが生まれる3カ月前、劇症型水俣病で亡くなった。母や兄も水俣病となり、金子さんは胎児性患者と認定された。ほっとはうすで1998年の開設当初から働いている。

リハビリは歩行を介助するロボットスーツ「HAL」を下半身に装着し、平行棒を両手でつかみながら前進する。歩こうとするとHALが脳から筋肉に流れる電気信号を感知し、股関節と膝を支える。「ウィーン」「ガシャン」。機械音がリハビリ室に響く。

国水研によると、HALを使い始めた3年前と比べ、歩く速度が2倍になるなど、リハビリの効果が表れているという。

終了後、金子さんは「(HALが) 重かった」と一言。長くリハビリを続けても、体がままならない悔しさがにじむ。

ほっとはうす施設長の加藤タケ子さん

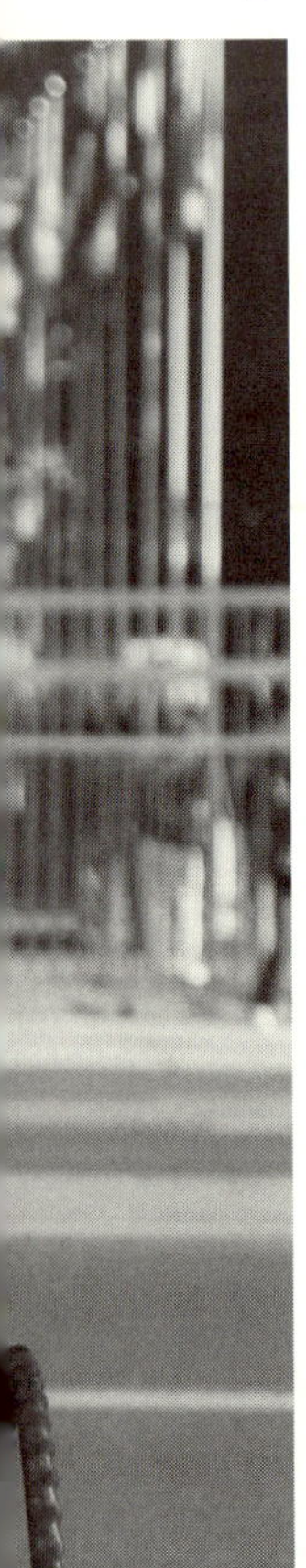

「水銀に関する水俣条約」第1回締約国会議に参加した胎児性水俣病患者の坂本しのぶさん。「60年以上が過ぎても、水俣病問題は解決していない」と訴える＝2017年9月23日、スイス・ジュネーブ（撮影・松井勇樹）

（1950年生まれ）は「胎児性患者は40代から身体や言語の機能低下が目立つ」と語る。「歩けて自転車にも乗っていた仲間が急に歩けなくなり、車いす生活になった。不安なのは、いつ自分もそうなるのかということ。ずっと歩きたい」と打ち明ける胎児性患者もいる。加齢による機能低下の詳しい原因は分かっていない。

「80年生き抜こう」

東京出身の加藤さんは1970年代から水俣病患者の支援活動に加わり、88年に水俣市へ移住。「胎児性患者が仕事を得て、地域社会の中で、個人として尊重されて暮らせるように」と、ほっとはうすを開設した。

地元関係者の話では、水俣市には国や熊本県と法廷闘争を続けた患者団体もあり、加藤さんが行政から補助金を受けて施設を運営することを批判する声も。一方、他の福祉団体には「水俣病ばかり行政から金が出る」とやっかみもあるという。

「障害がある人を支えるためには、行政も必要な支援をすべきだ。こちらから擦り寄ったことはない」。加藤さんは信念を貫いてきたと思っている。「私が死んだら、子どもはどうなるのか」と案じる親たちの声に応え、胎

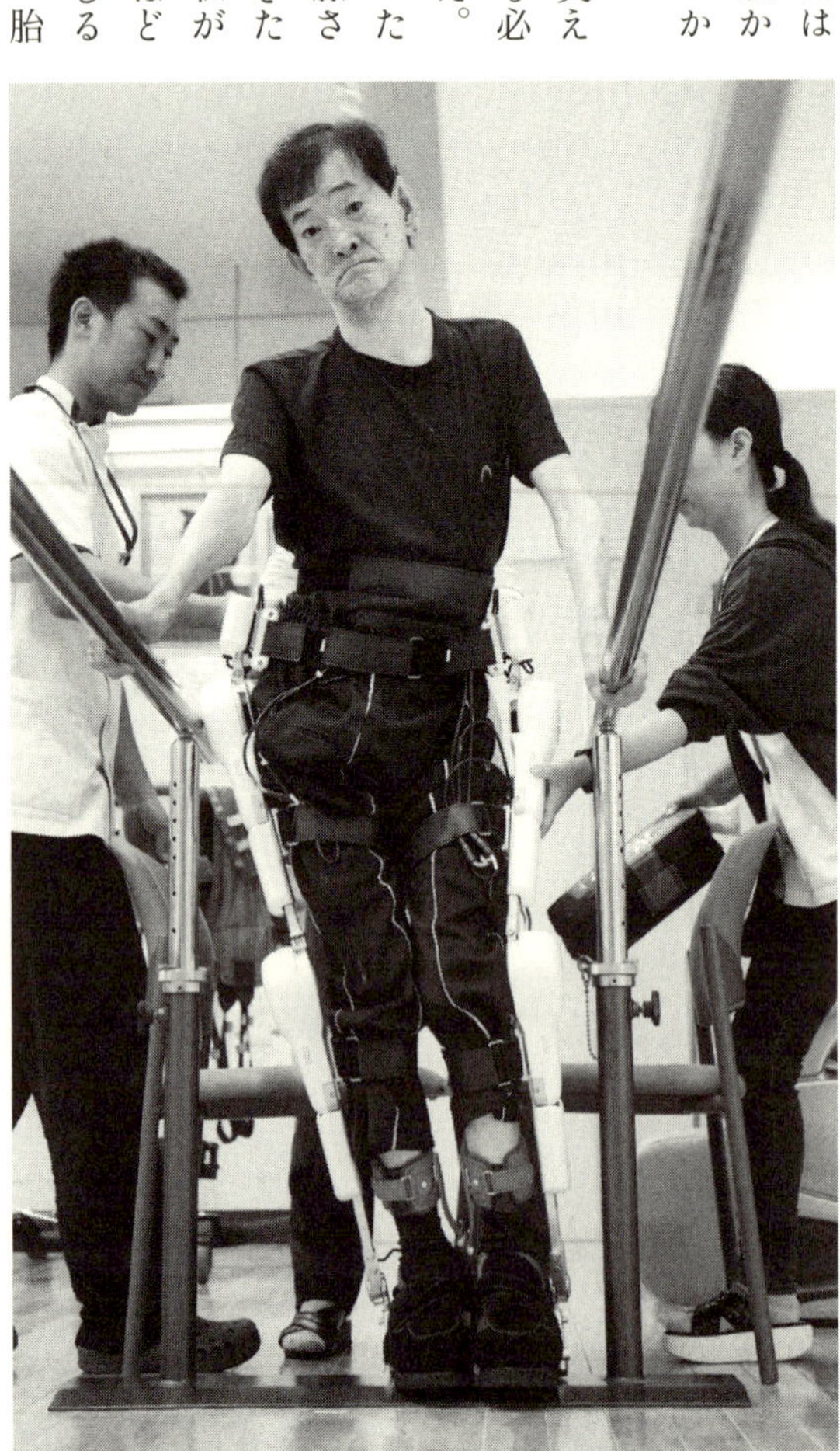

児性患者が介助を受けながら、個室で暮らせるケアホームも建てた。

２００８年にほっとはうすの施設を移転したとき、元水俣市長の吉井正澄さん（１９３１年生まれ）が直径50㌢、樹齢80年のヒノキ材を寄贈した。吉井さんは水俣病犠牲者慰霊式で、市長として初めて謝罪した人だ。ヒノキ材は床下から天井まで貫く大黒柱に加工された。「みんなも80年は生き抜こう」という吉井さんの思いが込められているという。

その大黒柱の周りで、公害による過酷な人生を歩みながらも、胎児性患者たちがお互いを支え合い、きょうも働いている。

（岡本拓也、河添結日）

ロボットスーツ「HAL」を装着して歩行訓練をする胎児性水俣病患者の金子雄二さん
＝2017年10月11日、熊本県水俣市の国立水俣病総合研究センター（撮影・遠藤望）

History

最高裁
国や県の責任認め
認定基準も緩和

水俣病を巡る訴訟は、①損害賠償請求、②行政による水俣病認定を求めるもの―に大別される。1973年に①の熊本地裁判決で、原因企業チッソの賠償責任が認定され、患者とチッソは補償協定を締結。国と熊本県については、最高裁が2004年の判決で「規制権限を行使しなかった」として賠償責任を認めた。

②は「感覚障害を含む複数の症状」という国の認定基準が厳しく、提訴が相次いだ。国は1995年、約1万1千人に一時金を支払い、政治解決を図った。さらに、2009年施行の特別措置法では、一定の症状がある約3万2千人に一時金を支給した。

13年の最高裁判決では、感覚障害だけで水俣病と認定し、国の基準を緩和。患者団体によると、今も10件以上の訴訟が続く。17年9月末現在の環境省集計では、一時金や医療費などが支給される認定患者は2987人（うち生存者513人）。

36.

「感謝しながら生きる」死刑廃止運動で知った法律事務所職員、高田章子さん

２０１７年７月13日午前、東京・赤坂の港合同法律事務所に勤める行政書士、高田章子さん（１９６３年生まれ）は知り合いの記者から「法相が緊急会見します。死刑執行の情報はありますか」と問い合わせを受けた。

事務所は市民団体「死刑廃止国際条約の批准を求めるフォーラム90」の事務局を兼ね、高田さんはフォーラムのメンバーでもある。死刑が執行されると、亡くなった死刑囚の家族や弁護士らから情報が寄せられることが多く、取材も相次ぐ。

2016年に死刑を執行した23の国と地域

国・地域	件数
❶アフガニスタン	6
❷バングラデシュ	10
❸ボツワナ	1
❹インドネシア	4
❺日本	3
❻マレーシア	9
❼ナイジェリア	3
❽パレスチナ	3
❾シンガポール	4
❿ソマリア	28
⓫スーダン	2
⓬台湾	1
⓭米国	20

国・地域	件数
⓮ベラルーシ	4以上
⓯エジプト	44以上
⓰イラン	567以上
⓱イラク	88以上
⓲パキスタン	87以上
⓳サウジアラビア	154以上

国・地域	件数
⓴中国	数千件との情報
㉑北朝鮮	日常的に執行
㉒南スーダン	１件以上
㉓ベトナム	執行の多い国

※アムネスティ・インターナショナルによる、単位は件

中学時代、大逆事件に疑問

この日は、女性４人を殺害した西川正勝死刑囚＝当時（61）＝と、元同僚の女性を殺害した住田紘一死刑囚＝当時（34）＝の刑が執行された。

同日午後、参院議員会館で開かれた抗議会見では、司会の高田さんが西川死刑囚は「再審請求中だった」と告げ、住田死刑囚は「自ら控訴を取り下げて死刑が確定したため、執行は早いと警戒していた」と明かした。

死刑が確定するのは死亡被害者が複数の事件がほとんどだが、住田死刑囚は1人。「不公平だ」とフォーラムメンバーの深田卓さん（１９４８年生まれ）。フォーラムや人権団体「アムネスティ・インターナショナル日本」などは執行のたびに会見してきた。

高田さんが死刑に疑問を持ったのは、幸徳秋水らが処刑された大逆事件を中学の社会科で学んだとき。「国の方針と違うからって、殺しちゃいけないだろう」と思った。

公務員の試験に合格せず、１９８６年に就職した港合同法律事務所で、何かの縁なのか、死刑の適否が争われる事件を数多く手掛ける弁護士、安田好弘さん（１９４７年生まれ）のスタッフに。89年に国連で死刑廃止条約が採択されると、安田さんは翌年、市民の運動が必要としてフォーラムを立ち上げた。

廃止運動が報道されたり、安田さんがオウム真理教の松本智津夫死刑囚（1955年生まれ）＝教祖名麻原彰晃＝や、山口県光市母子殺害事件の死刑囚（81年生まれ、事件当時18歳）の弁護人を務めたりした時は「おまえの家族が殺されても死刑廃止と言えるか」「悪いやつの弁護をするとは何事か」などの抗議電話が事務所に相次いだ。

「裁判所含め誰もが感情的に」

それらに対応するのも高田さんの仕事だ。「家族を殺されたことがないので『分からない』としか言えない。『弁護するな』は光市の事件で、当時は裁判所も含めて誰もが感情的だった」

高田さんが自ら面会や手紙のやりとりをしていた元被告がいる。名古屋アベック殺人事件で一審死刑、二審で無期懲役となった事件当時19歳の男性だ。安田さんが二審から弁護団に加わった。

彼は当初、事件と向き合わず、死刑も怖くないと開

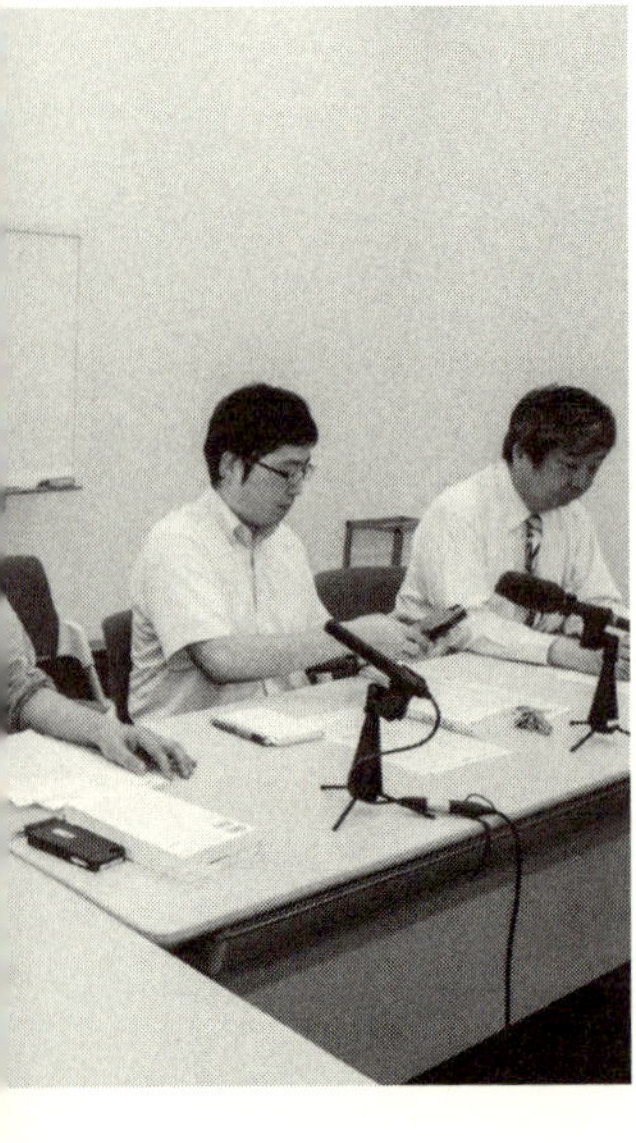

死刑執行に抗議する記者会見で司会を務める高田章子さん（左）。「刑法で最初に出てくる死刑の罪は内乱。日本政府は反旗を翻す者を殺すため、死刑を維持しているのではないか。国家に私たちを殺す権利を与え続けるのかという視点でも、死刑について考えてほしい」と提案する＝2017年7月13日、参院議員会館（撮影・藤井保政）

き直っていたが、母親が彼を支え続け、弁護団は「人一人の命がかかっている」と拙速な審理に抗議した。無期に減刑のニュースが名古屋拘置所にラジオで流れた際には、死刑囚の房から拍手が起きたと聞いた。

こんなことがあって、彼はようやく事件と向き合い、一生をかけて罪を償おうと決心した。被害者遺族に手紙と刑務作業で支給されるごく少額のお金を送り続け、返事をくれる遺族も出てきた。

「人は誰かに大切に思われることで、自分や他人を大切にする思いを育てていく。返事をくれた遺族のことを考えると、人間の包容力にひれ伏す」

高田さんは死刑廃止運動を通じて「私が人を傷つけずに生きてこられたのは、私を大切に思ってくれた多くの人たちのおかげ。感謝しながら生きていきたいと、心底思った」と力を込める。

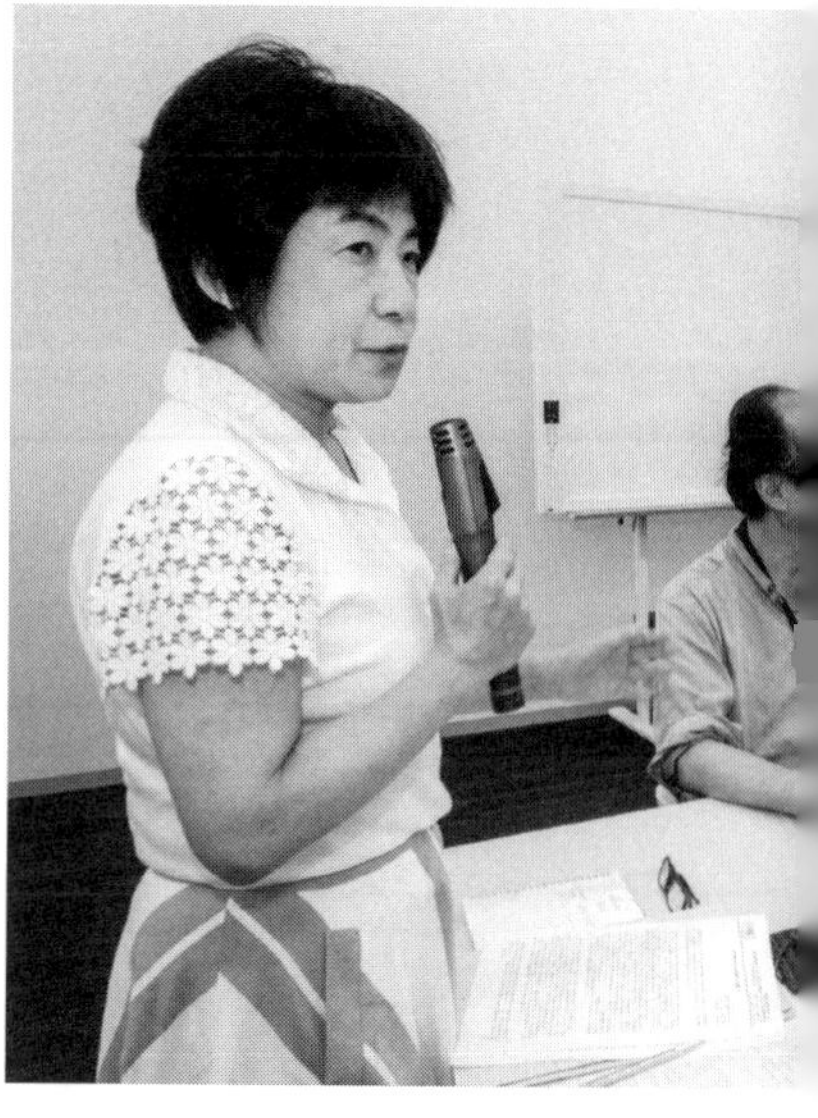

決して見放さないし、最後まで付き合う

２０１７年10月7日、高田さんや安田さんは東京都内で開かれた「世界死刑廃

止デー」（同10日）の国内イベント会場にいた。

16年末現在の死刑廃止国は１０４カ国で、10年以上執行がない国などを加えると、１４１カ国なのに対し、昨年死刑を執行した国は日本を含め23の国と地域―。アムネスティから報告があり、被害感情に支配される裁判員裁判の評議を描いた演劇も。

元裁判官らとの討議で安田さんは「かつて最高裁は死刑を合憲としつつ『(違憲となる) 残虐な刑罰かどうかの判断は国民感情で定まる』と補充意見を付け、４人殺害の永山則夫元死刑囚は『死刑の選択も許される』だった。しかし、２人殺害の光市の事件では『死刑を選択するほかない』となり、被告が事件と向き合うには時間がかかるのに、簡単に死刑が確定している」と嘆いた。

「そんな状況でも、被告が事実を誠実に話し、被害者に心から謝罪するよう支援するのが私たちの仕事」と高田さん。

安田さんは被告に「決して見放さないし、最後まで付き合うから、小さなことも曖昧にせず、事実を一緒に丁寧に洗い出していこう」と伝えるという。それができれ

ば、被害者の最期の様子を少しでも知りたい遺族のためにもなる。

（竹田昌弘）

《追記》松本智津夫死刑囚は２０１８年７月６日、オウム真理教の元幹部６人とともに処刑された。同月26日には、残った元教団幹部６人の死刑も執行された。

History

最高裁「直ちに残虐な刑罰に該当せず」

最高裁は1948年3月の判決で、法律の定める手続きによらなければ生命を奪われないとする憲法31条は、法定刑としての死刑を想定しているなどと指摘。死刑は「一般に直ちに（憲法36条が禁じる）残虐な刑罰に該当するとは考えられない」との合憲判断を示し、現在も踏襲されている。

この判決には「ある刑罰が残虐かどうかの判断は国民感情で定まる」とする4判事の補充意見が付いた。93年9月の判決などでは、大野正男判事が死刑廃止国の増加や死刑囚再審無罪が4件も続いたことなどから、死刑適用は「誠にやむを得ない場合にのみ限定的に」との補足意見を述べた。

一方、法務省は死刑の執行を公表せず、年報に前年の執行者数が掲載されるだけだったが、98年以降、執行人数や死刑囚の名前などが順次発表されるようになった。民主党政権下の2010年には、刑場の公開も実現した。

報道機関に公開された東京拘置所の刑場。手前の部屋で刑務官が三つのボタンを押すと、そのどれかが作動し、奥の部屋中央の四角で囲まれた踏み台が落下する。死刑囚は写真にはない絞縄を首に巻かれ、踏み台の上に立つ＝2010年8月、東京都葛飾区

「世界死刑廃止デー」の国内イベント会場で参加者と談笑する安田好弘さん。「（元裁判官らとの討議は）どうだった？分かりやすかったかなあ」と聞いて回っていた＝2017年10月7日、東京都渋谷区（撮影・藤井保政）

37. 言い訳する親になりたくない 署名集め辺野古住民投票を実現した 宮城康博さん

「憲法では、一つの自治体にのみ適用される法律を制定するには、住民投票が必要とされているって知っていた?」。２０１７年７月19、20両日、東京・新宿のホール「スペース・ゼロ」に朗読劇のせりふが響いた。沖縄在住の劇作家、宮城康博（みやぎ・やすひろ）さん（１９５９年生まれ）作・演出「９人いる！〜憲法９条と沖縄２０１７〜」のワンシーンだ。

宮城さんや劇団「燐光群（りんこうぐん）」を主宰する劇作家、坂手洋二さん（１９６２年生まれ）らでつくる「非戦を選ぶ演劇人の会」が「引き返せない夏」と題し三つの朗読劇を舞台にのせた。

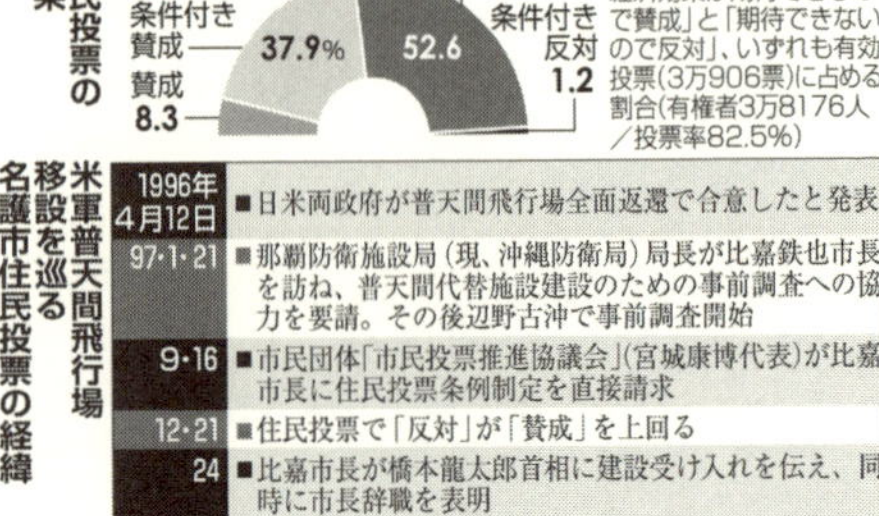

住民投票の結果
代替施設建設に
反対
52.6
条件付き賛成
37.9%
賛成
8.3
条件付き反対
1.2
※条件付きは「環境対策や経済効果が期待できるので賛成」と「期待できないので反対」、いずれも有効投票（3万906票）に占める割合（有権者3万8176人／投票率82.5%）
米軍普天間飛行場移設を巡る名護市住民投票の経緯
1996年4月12日 ■日米両政府が普天間飛行場全面返還で合意したと発表
97・1・21 ■那覇防衛施設局（現、沖縄防衛局）局長が比嘉鉄也市長を訪ね、普天間代替施設建設のための事前調査への協力を要請。その後辺野古沖で事前調査開始
9・16 ■市民団体「市民投票推進協議会」（宮城康博代表）が比嘉市長に住民投票条例制定を直接請求
12・21 ■住民投票で「反対」が「賛成」を上回る
24 ■比嘉市長が橋本龍太郎首相に建設受け入れを伝え、同時に市長辞職を表明

9条、安倍改憲で捨て去るのか

「9人いる！」はそのうちの一つで、8人の登場人物が9人目を待っているという設定。いまだに実現していない9条の精神＝平和主義を改憲で捨て去るのかという厳しい批判が込められている。

残る二つは、坂手さん作・演出の『『反戦』落書きのススメ』と「戦場イラクからのメール」。共謀罪の趣旨を盛り込んだ改正組織犯罪処罰法の施行や、9条改憲をめざす安倍晋三首相の発言に警鐘を鳴らす内容だ。

沖縄県名護市出身の宮城さんは20歳で上京。１９８０年代に劇団「東京演劇アンサンブル」で活動したが、92年に帰郷し、企画・編集プロダクションを営んでいた。

95年9月に米兵少女暴行事件が起こり、96年4月、橋本龍太郎首相とモンデール駐日米大使が同県宜野湾市の米軍普天間飛行場返還の日米合意を発表。条件とされた代替施設の建設先として白羽の矢が立ったのが、名護市の辺野古だった。「将来子どもから、建設が決まった時、何をしていたのと聞かれた時に、くだらない言い訳をする親にはなりたくない」

そんな思いから、代替施設建設の可否を問う住民投票を実現しようと決意する。

「名護市民投票」と名付け、必要な条例の制定を求める署名活動を開始。地方自治法に定められた有権者の50分の1以上を大きく超え、半数近い約1万7500人分の署名が集まった。97年9月、比嘉鉄也市長に条例制定を請求した。

「反対」過半数、市長は受け入れ、辞職

条例は市議会で制定され、住民投票が12月21日に実施された。市民の関心は高く投票率は8割を超えた。「条件付き」を含む「反対」は「条件付き」を含む「賛成」を上回り、有効投票の過半数となった。だが直後、衝撃的な出来事が起こる。

3日後の24日、上京した比嘉市長は橋本首相に建設受け入れを伝え、市長辞職を表明したのだ。

翌年2月に行われた後任を選ぶ市長選では、建設賛成派が擁立した前の市助役が当選。政権は、住民投票で「経済効果が期待できる」などとした条件付き賛成も少なくなかったことを突破口とみて、振興策などで反対派の

沖縄県名護市役所の前に立つ宮城康博さん。
住民投票の旗振り役として、その後市議として、市役所には市民、職員らと熱っぽい意見を交わした思い出が残っている
＝2017年10月13日（撮影・堀誠）

切り崩しを図った。

当時を振り返り、宮城さんは沖縄の戦後史を描いた本のある一節をそらんじる。「沖縄人民は、戦後史上はじめて、歴史の主役としてその姿を地平にあらわした」。50年代、米軍による暴力的な土地の強制接収に対する県民の抵抗を端緒とした「島ぐるみ闘争」を巡る記述だ。

闘争は結局、地代を巡る経済闘争に変質しやがて終息に向かった。辺野古を巡っても同様の構図が繰り返されないか――。宮城さんはしかし、投票結果が反対運動の原動力となったと信じている。

反対派の稲嶺進氏が現在の市長となっているのも成果の一つ。辺野古移設反対を掲げる沖縄県の翁長雄志

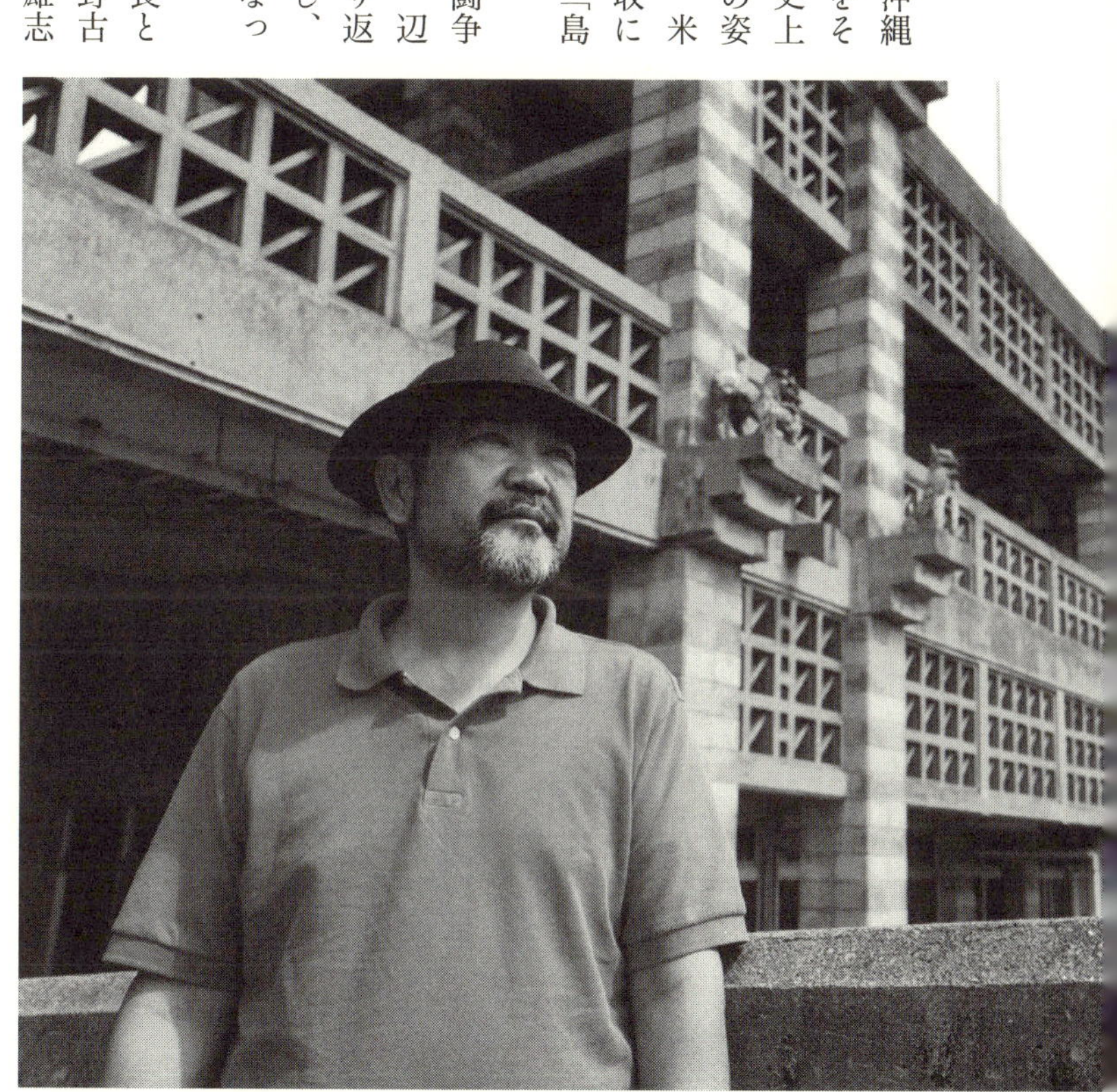

知事がしばしば口にする「自己決定権」の原点も名護の住民投票にあるのだと。

「権威帯びて行動する気ない」

住民投票の後、宮城さんは市議を計3期務め、その間に敗れたとはいえ市長選にも挑戦した。2006年以降は政治から距離を置き、ここ数年は演劇活動に力を入れる。

2017年3月、米軍基地内で働く日本人群像を描いた坂手さんの作品をかつて所属した劇団が上演した。宮城さんは上京し沖縄言葉を指導。同年6月には、自身の戯曲が同じ劇団で上演された。

現在は伝説、伝承を基に沖縄の権力と民衆との関わりを描いた戯曲を構想中だが、友人の学者らと一緒に沖縄への無理解をただす本の執筆に取り組み、戯曲はなかなか進まない。米軍がからんだ事故や事件。沖縄では問題が次々起こるのだ。

長年の友人である坂手さんは、宮城さんが「演劇に戻ってくれたのはうれしい」と語る。同時に「政治にも関わってほしい」と注文も付ける。

坂手さんの劇団はこれまでも沖縄を舞台とした作品を多く手がけ、同年11月には名護の人々とクジラの関わりを描いた新作「くじらと見た夢」を上演。沖縄をよく知る坂手さんの呼び掛けに、宮城さんは「今は（政治家のような）権威を帯びた人間として行動する気はない」と答えている。

（中川克史）

《追記》２０１８年２月４日、名護市長選が投開票され、米軍普天間飛行場の辺野古沖移設を進める安倍政権が推す渡具知武豊氏が、反対を訴えた現職の稲嶺進氏を破り初当選した。同年８月８日には、翁長雄志知事がすい臓がんのため亡くなった。政治から離れてきた宮城さんは現在、県南部の南城市在住。地域住民の要請で９月９日投開票の同市議選に出馬、初当選を果たした。同月30日投開票の知事選では、辺野古移設反対を掲げる玉城デニー氏を応援し初当選に貢献した。

History

住民投票せず 復帰関連法

日本が1952年に主権を回復後も、米国の施政権下にあった沖縄は72年5月15日、日本に返還された。前年秋、日米間の沖縄返還協定承認案や復帰関連法案を審議した臨時国会は紛糾した。

野党は憲法95条には「一(つ)の地方公共団体のみに適用される特別法は、法律の定めるところにより、その地方公共団体の住民の投票においてその過半数の同意を得なければ、国会は、これを制定することができない」と定められているので、住民投票を実施しない立法は憲法違反と追及した。

公聴会で意見を述べた学者も「憲法違反を沖縄県民にだけ甘受しろというようなやり方は、容認できない」と指摘した。

これに対し、政府は「(復帰前の)沖縄はいまだに憲法上の地方公共団体ではない」と憲法95条を適用しない理由を説明した。混乱の中、協定は承認され、関連法も成立した。

38.

自死遺族に寄り添う 夫亡くした弁護士、佃祐世(さちよ)さん

福岡市は残暑が厳しく、午前10時には30度を超えた２０１７年８月29日。森下真由美さん（１９６２年生まれ）は北九州市の非常勤職員だった長女佳奈さん＝当時（27）＝の自殺を巡り、北九州市に対し、公務災害としての補償や損害賠償を求めて福岡地裁に提訴した。

その後、遺影を前に置き、佳奈さんの眼鏡を掛けて記者会見に臨んだ。

「２０１２年４月から子ども・家庭問題の相談員として働き始めたが、上司に無視されたり、数時間も叱責されたり、執拗な嫌がらせを受けた。『相談者のため頑張る』と話していたが、重度のうつ病と診断され、約１年で退職した」

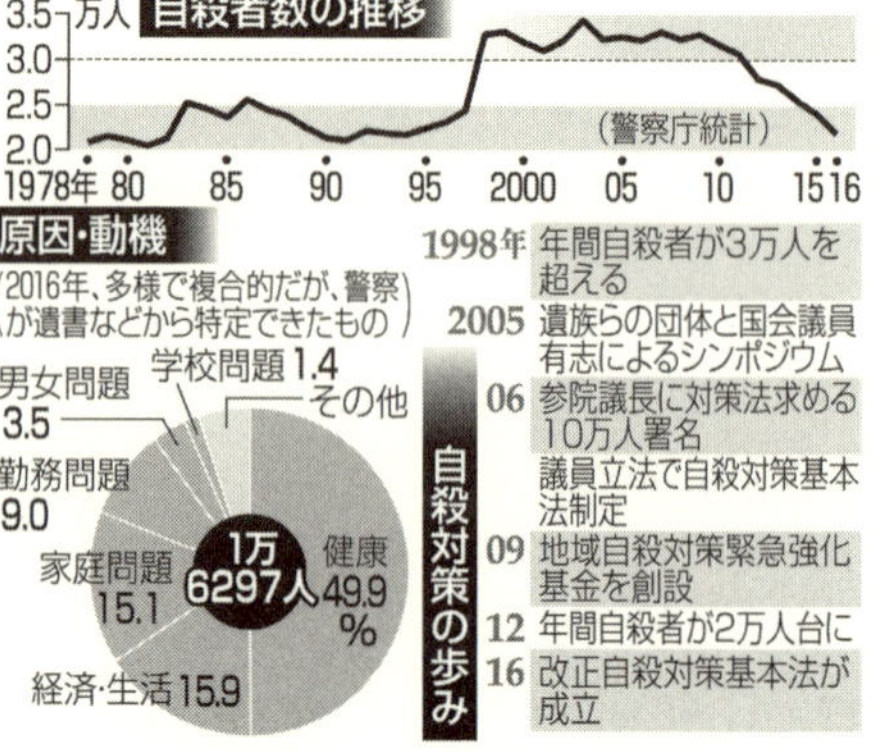

悲しみと憎しみ、さいなまれる後悔の念

佳奈さんが大量の薬を飲んで命を絶ったのは、15年5月。市は非常勤を理由に、公務災害の認定請求を拒んだ。

そのときの気持ちを問われ、森下さんは「補償される場所が佳奈にはない、そう感じた。でも娘は恥じることはしていない。私も表に出て娘と一緒に闘う」と声に力を込めた。17年10月から始まった口頭弁論で、北九州市は争う姿勢を示している。

大分県内にある森下さんの家には、佳奈さんが愛用したキャラクターのぬいぐるみやネムノキの鉢植えなどが、所狭しと並んでいる。

佳奈さんは中学生の頃から臨床心理士を目指し、大学院を修了して資格試験の勉強を続けた。相談員の仕事は将来を見据えて就いたという。

「いっそ娘の後を追おうか」「上司のパワハラに遭わなければ…」「もっと早く休ませていれば…」。悲しみと憎しみ、後悔の念にさいなまれ、食事ものどを通らなくなった森下さんを支えたのは「自死遺族支援弁護団」メンバーの佃祐世さん（1972年生まれ）だった。

佃さんが「佳奈さんは弱かったんじゃない。強過ぎたのよ。弱かったらとっく

に逃げ出しているもの」などと優しく語り掛けてくれたので、気持ちがほぐれていった。

森下さんが提訴に踏み切ったのは「娘が生きた証しを残したい」「自分と同じような思いをする人を出さない」と考えるようになったからだ。

自死4カ月前「弁護士にならないか」

実は、佃さんも「自死遺族」。裁判官の夫はスポーツマンで前向きな性格だったが、脳腫瘍を患ったことで心を病み、07年1月3日の昼、自宅の書斎で首をつった。

子どもにトランプ遊びをねだられ、夫を1人にしたわずかな時間の出来事だった。「もう少し注意していれば」と自分を責め続けたが、そのうち「あの約束を果たそう」と思い立

息子を自殺で亡くした男性の
法律相談に応じる佃祐世さん。
「問題があっても、
どこに相談していいのか分からず、
独りで抱え込む遺族が多い。
そんな人たちの受け皿になりたい」と話す
＝2017年10月28日、広島県廿日市市
（撮影・西詰真吾）

つ。

亡くなる4カ月ほど前、闘病でやせ細った夫が急に「弁護士にならないか」と言いだし、佃さんは「うん、頑張る」と答えた。夫の真意は分からなかったが、安心させたかったから約束した。

子育てしながら猛勉強し、40歳になった12年、3度目の挑戦で司法試験に合格した。

司法修習を終え、広島県内の法律事務所に勤務して経験を積む中で「自分と同じように、苦しみの中にいる遺族の力になろう」という思いが芽生えた。16年2月、広島県廿日市市内のビルに自分の法律事務所を構え、新たな一歩を踏み出す。

「思いやり、尊重する心が世の中変える」

2017年春のある夜。事務所の電話が鳴った。

女性「もしもし、佃さんの事務所ですか」
佃さん「はい、何かあったんですか」
女性「夫が自死してしまったんですが…」
言葉が続かない。泣いているようだ。
佃さん「いいですよ、ゆっくりでいいから」
女性「どうしたらいいか分からなくて。何でこんなことに。あの人のところへ行きたい」
佃さんは相手が話し始めるまで、黙って待つ。
こうした「自死遺族」からの電話相談には、夜遅くまで応じている。相談はひっきりなしで、面談することもあるが、正式に法律業務を受任するまで料金は取らない。
遺族は配偶者や親、子どもの自殺を巡り、トラブルに直面する。現場となった借家の所有者から損害賠償を求められるケースのほか、森下さんのような公務災害や労災、相続問題などだ。損害賠償では、請求額が1千万円に上ることもある。
「ただ愛する人を突然失った人は、自分が置かれてい

る状況を論理立てて説明できる心理状態にはない」と佃さん。「取りあえず一緒にご飯食べよう」と呼び掛け、弁当を持って相談相手の家へ行ったことも。「私も夫の死後、１カ月ぐらい記憶がすっぽりない」

世の中には、死ぬくらいなら、仕事を辞めればよかったといったようなことを言う人もいる。

佃さんは「もし自分の家族が自死で亡くなったらと、想像してほしい。そうすれば、おのずと遺族にはどういう態度を取ればいいかが分かる。他人を思いやり、尊重する心が世の中を変える」と信じている。

（立田成美）

「娘が育てていたネムノキも
ずいぶん大きくなりました」と遺影を胸に話す
森下真由美さん。
遺影は佳奈さんが亡くなる少し前の自撮りで、
久しぶりに見せた元気な姿が
最後の写真となった
＝2017年9月24日、大分県内
（撮影・藤井保政）

History

自殺者3万人超え、対策基本法

警察庁の統計（1978年以降）によると、自殺者は98年に初めて3万人を超え、2003年には、最多の3万4427人を記録した。社会的な取り組みを求める声が強まり、06年に議員立法で自殺対策基本法が制定され、対策を拡充する改正法が16年に成立した。

改正法は、目的に「誰も自殺に追い込まれることのない社会の実現」を掲げ、自殺対策の基本理念として全ての人がかけがえのない個人として尊重され、生きがいや希望を持って暮らすことができるよう、その妨げとなる要因の解消に役立つ支援などを定めている。

自殺者は年々減少し、16年は2万1897人。ただ自殺死亡率（人口10万人当たりの自殺者数）は17・3と、先進国では高く（例えば、14年のドイツは12・6）、17年閣議決定の自殺総合対策大綱には、自殺死亡率を10年間で30％以上下げる数値目標が盛り込まれた。

39.

オスプレイから守る静かな海
真っすぐ行動、ノリ漁師の古賀初次さん

佐賀沖の有明海では、海に立てた支柱にノリを育てる網を固定して養殖する。干満差が大きく、潮が引いて網が空気に触れると、ノリが一時的に乾燥し、うま味が凝縮されると言われている。

有明海に面する県営佐賀空港沖にも、生け花で使う剣山のように支柱が並び立つ。２０１６年11月８日午前10時すぎ、そんな風景に割って入るように、米軍の輸送機オスプレイが降りてきた。陸上自衛隊が導入する同型機の佐賀空港配備に向けた展示飛行だ。

海へ出ていたノリ漁師で、空港の自衛隊利用に反対する「地域住民の会」会長、古賀初次さん（１９４９年生まれ）は手を止め、グレーの機影を目で追う。

「県が政府の要請を受け入れたら、あれが毎日仕事場の上を飛ぶ。自分はまだしも、後を継いだ子どもたちがそんな状況で仕事をしなければならないと思うと、いたたまれんわね」

日米のオスプレイが飛来する、または
飛来する可能性がある主な基地や空港など

自衛隊と空港共用しない、佐賀県が「約束」

この約1カ月後、米軍のオスプレイが沖縄県名護市の沿岸部に不時着、大破した。

空港近くの体育館で17年4月2日、オスプレイ反対派の決起集会が開かれ、約1600人（主催者発表）が集まった。

古賀さんは「いつでも墜落の危険があることがはっきりした」。そして「言わなければならない」と切り出したのが27年前の「約束」だった。

佐賀県は1990年、当時の漁協などと結んだ公害防止協定の関連文書で「空港を自衛隊と共用するような考えを持っていない」と表明した。空港の赤字が続けば、県は自衛隊を誘致しかねないため、漁協の戦争体験者がそれを防ごうと、文書に盛り込んだという。「約束を守るのは当然だ」と古賀さんは訴えた。

講演した沖縄国際大教授の前泊博盛さん（1960年生まれ）は、沖縄国際大構内に米軍ヘリが墜落した2004年の事故では、日米地位協定のため「日本の領土なのに調査もできなかった」と指摘する。オスプレイの事故が起きても、地位協定の問題がつきまとう。

空港から数キロの干拓地に住む農業の男性が発言した。「今はとても静か。安全でおいしい農作物を作るには、最適の環境だ。オスプレイの展示飛行を見たが、腹の底に染みわたるような低い音だった。配備されれば農作業はできなくなる」

集会では、配備強行の場合、法廷闘争に持ち込むとの決議を採択。参加者は「オスプレイ来るな！」と書かれた赤いカードを一斉に掲げた。

諫早干拓の不信感、トラウマ

古賀さんが生まれ育った佐賀県の旧川副町は、ノリ養殖と農業が盛んで、田園に囲まれた静かな集落の家々には、養殖の網が干され、加工場もあちこちにある。空港も同じ町内だったが、旧川副町は07年に合併され、佐賀市川副町となった。祖父が旧川副町にノリの養殖技術を持ち込んだ一人と言われ、その祖父にかわいがられて育ったので、高校を出て迷わず漁師に。それから50年がたった。若い頃は沖で魚も捕ったが、獲物は徐々に減っていった。

古賀さんは原因の一つが86年に長崎県で始まった国営諫早湾干拓事業だと考え、潮受け

早朝からノリ漁に向かう古賀初次さん。
「息子たちには運動をさせたくない。
私が一生懸命頑張るのが親の責任やろう」と語る
＝2017年11月10日、佐賀市（撮影・榎本ライ）

堤防の排水門を開くよう求める裁判の原告にもなった。

ただ有明海の再生は進まず、多くの漁業者が諫早干拓のトラウマを抱えているという。

「これが国への不信感を生み、オスプレイ反対につながっている。諫早湾干拓になぜ、もっと反対しなかったか。始まってからでは遅いと、なぜ気付かなかったのか」

古賀さんは後悔してもしきれずにいる。

地元選出の衆院議員、

原口一博さん（１９５９年生まれ）は古賀さんについて「有明海のことを考えて真っすぐに行動されている。頼もしい存在だ」と語る。

「国防が地域を分断、暮らしを壊す」

弁護士や学者、労働組合などでつくる「オスプレイ配備反対佐賀県連絡会」が２０１７年7月17日、川副町の小学校で開いたシンポジウムには、古賀さんや原口さんも参加した。

地域住民の代表として登壇した古賀さんは「地域を分断、孤立させ、人々の暮らしを壊す。地域の文化と伝統を犠牲にする。そんな国防が守ろうとするものは何なのか」と問い掛けた。

原口さんは自衛隊の配備は米軍と切り離せない関係にあると強調。政府は万一の補償を約束するが「一人一人の権利侵害を国が回復できるかと言えば、全くできない。口先だけだ」と批

判した。

同年10月21日。佐賀沖の有明海では、大潮に合わせてノリ養殖が解禁され、未明から約800隻の漁船が沖へ飛び出した。この日張られた網は数十万枚。作業を終えた漁師たちは願掛けのお神酒を海に注ぐのが慣習だ。

今年の解禁日、古賀さんは豊作を祈る神事を取り仕切った。「ノリの仕事って神様から授けられた仕事だよ。だからずっと受け継いでいかないとね」。静かな有明海を守りたい。ただ、それだけだ。

（内堀康一）

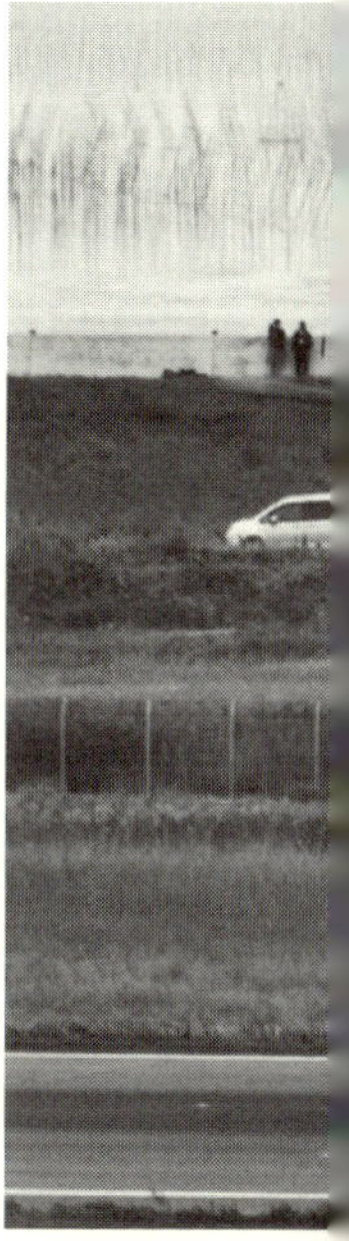

展示飛行のため佐賀空港に飛来した米軍のオスプレイ。滑走路の先に広がる有明海には、養殖ノリを育てる網が固定された無数の支柱が見える＝2016年11月8日、佐賀市（撮影・上松亮介）

History

自衛隊機、米軍機の運航差し止め認めず、騒音賠償だけ

自衛隊機や米軍機の騒音被害を巡り、横田（東京）、厚木（神奈川）、小松（石川）、岩国（山口）、嘉手納（沖縄）の各基地と普天間飛行場（沖縄）の周辺住民が集団訴訟を続けている。

最初の提訴は1975年の小松基地訴訟。最高裁はこれまでの判決で①自衛隊機の運航に関する防衛相の権限行使に裁量権の逸脱、乱用はなく、運航差し止めは認められない、②米軍機の運航に関し、日本では審理できない、③国は既に発生した騒音被害の賠償責任を負う、④将来の被害賠償は認められない―などの判断の枠組みを示してきた。

防衛省によると、国は確定判決に従い、計約335億円を支払った。

一方、騒音被害などの訴訟では、憲法13条の幸福追求権や25条の生存権から導かれる「環境権」の存在を認めず、人格権などの侵害を検討するのが判例となっている。

40.

考えながら学ぶ歴史
子ども側に立った教科書作り、
山田麗子さん

2017年11月5日、学園祭でにぎわう東京都新宿区の早稲田大キャンパス内の会議室に小・中・高校の教員や元教員ら16人が集まった。16年度から国立と私立の中学計38校で使われている社会科歴史的分野の教科書「ともに学ぶ人間の歴史」を執筆、編集した人たちだ。

多くの教科書は大学の研究者が書き、現場の教員がチェックするが、この教科書は現場の教員や元教員が執筆し、大学教授から助言を得た。お金を持ち寄り、出版社も自分たちで立ち上げた。

•時代ごとのテーマを見開き2ページで学ぶ
•大きな絵・写真で時代のイメージを広げる
•「なぜ」と問いを持てるよう、ヒューマンストーリーや歴史の場面など（導入）
•問いの答えを考えるための資料写真など
•テーマの歴史を具体的に（展開）
•その時代の出来事などを囲みで
(12) 女性は太陽だった

「ともに学ぶ人間の歴史」の基本スタイル

太字語句を暗記する科目に

手作りの教科書は東京都内の社会科教員らのサークルで09年8月に「いい教科書がほしい」と話したことがきっかけだった。歴史の教科書には工夫がなく、子どもは太字で書かれた語句を暗記する科目になっているという問題意識があった。サークルの会員らが考え方を共有できる教員仲間らに声を掛け、1年後に「子どもと学ぶ歴史教科書の会」（学ぶ会）が結成された。会の趣意書では、子どもの側に立った教科書作りを掲げ、次のように記している。

「あるページを見ていたら、次のページもめくってみたくなる。つづきを読んでみたくなる。そこで何か感じるものに出会う。問いや疑問がわいてくる」

約30人が執筆者となって80回を超える会合を重ね、学ぶ会は14年春に教科書を完成させた。

執筆者の1人で埼玉県所沢市立中の元教員、山田麗子さん（1953年生まれ）は「子どもの興味、関心の道筋に従った教科書に共感した。問いを発展させて学び、もっと調べたいと思ってくれれば」と話す。

自由で個性重視の東京都立高時代、ベトナム反戦運動で社会や世界に目を開かされたという。どうやって生きていくかを考え、中学の社会科教員となり、自らにつながる歴史である「女性史」の研究も続けた。

「歴史の授業では、当初熱心な女子が次第にしらけていく。女性が出てこないから」と山田さんは考えてきた。

女性多く登場、慰安婦問題も記述

学ぶ会の教科書には、女性が多く登場する。見開き2ページで時代ごとのテーマを学ぶのが基本スタイル。イメージを広げるため、左上に大きな絵や写真があり「問い」を持てるよう、当時の子どもの話やヒューマンストーリーなどから入る。太字の語句はない。

女性がテーマとなっているのは①女性作家の登場―平安時代の文化、②始まりは女一揆―米騒動と民衆運動、③女性は太陽だった―社会運動の広まり、④戦争と二人の少女―ヨーロッパの戦争―など。③では、平塚らいてうの物語とともに、車掌や医師、タイピストなど当時の少女がなりたい職業を選んで遊ぶすごろくを掲載している。④の少女はアンネ・フランクとオードリー・ヘ

学ぶ会の教科書「ともに学ぶ人間の歴史」を手に取材に応じる
山田麗子さん。
学ぶ会と支援者は資金を集めて教科書を発行する「学び舎」を設立、
採択に向けた営業では、実際に授業をする教員に特色を話して
選んでもらったという＝ 2017 年 11 月 10 日、埼玉県所沢市
（撮影・牧野俊樹）

プバーンだ。

一方「もう戦争はしない―日本国憲法」のテーマでは、連合国軍総司令部（ＧＨＱ）が在野の憲法案を参考にしたことや衆院の審議で生存権が入ったことなどを記述し、教育を受ける権利に言及した。

戦後補償のページは中国残留孤児を取り上げ、中国人が個人補償を求める動きなどへと続き、慰安婦問題を謝罪した「河野談話」と、慰安婦の強制連行を直接示す資料はないとす

る、その後の政府見解を併記している。

山田さんは「教科書には歴史の事実を書いている。教室で自由に意見を出し合い、いろいろな考えを聞いて学びを深めてほしい。世界とりわけ東アジア、沖縄や北海道の視点も充実させ、人間の姿を描いた」と解説。「さまざまな人々の課題や切実さを重ね合わせて歴史を見ていくことが、今は一層大切ではないか」

灘中へ抗議「的外れでは」

ただ中学の教科書で慰安婦を記述しているのは学ぶ会の教科書だけ。使っている神戸市の私立灘中には「『反日極左』の教科書」「エリート校がなぜ採択したのか」などと書かれた抗議はがきが約２００枚届き、自民党の衆院議員から採択理由を尋ねる電話もあった。

灘中校長の和田孫博さん（１９５２年生まれ）は２０１６年秋、ネット上に公表の同人誌に「謂（いわ）れのない圧力の中で」と題して寄稿。こうした学ぶ会の教科書を巡る「圧力」に苦言を呈した。

採択したのは、考えることに主眼を置き、写真などを見ることで疑問や親しみが持てると説明。和田さんは「検定に合格した教科書であり、抗議は的外れでは」と語る。

次の検定は19年春。早稲田大に執筆者が集まった会議では、改訂が話し合われたという。

実は、14年の検定はテーマをオムニバスに並べた構成では歴史の流れが読み取りにくいなどとして、いったん不合格となり、1カ月足らずで組み替え、加筆するなどして合格が決まった。

次の改訂に向け、山田さんは「子どもがさらに主体的に学べるよう、細部にわたって工夫したい」と張り切っている。

（竹田昌弘）

History

家永検定訴訟、合憲だが一部意見違法

高校用日本史教科書の執筆者だった東京教育大名誉教授の家永三郎さん（2002年死去）は1965～84年、文部省（現文部科学省）による教科書検定は「教育内容への介入であり、教育を受ける権利を定めた憲法26条や不当な支配を禁じた教育基本法に反する」などとして損害賠償や不合格取り消しを求め、3次にわたって提訴した。

最高裁は93年、第1次訴訟の判決で「教育内容が正確かつ中立・公正で、地域や学校に関わらず全国的に一定の水準であることが要請され、検定はそれを実現するためのもの」として合憲、適法との判断を示した。

一方、第3次訴訟の一、二審と最高裁では「南京大虐殺」や「七三一部隊」など計4カ所の記述に修正を求めた意見は「看過しがたい過誤」として順次違法と認定され、国に40万円の賠償を命じる判決が確定している。

41.

考え続ける天皇制
平成の象徴像研究する瀬畑源さん

２０１７年11月15日、長野市の長野県短大。「天皇の影響力とは？」「そもそも天皇や王様って、なぜ存在しているの？」。准教授の瀬畑源さん（１９７６年生まれ）がマイクを手に講義を進めていく。テーマは「象徴天皇制と日本社会」。早朝の1時間目にもかかわらず、約１００人の学生で教室はほぼ埋まった。

天皇退位のニュースを取り上げたり、皇室の活動を紹介する動画を見せたりすることもある。英語専攻の女子学生（97年生まれ）は「カナダにホームステイした時に天皇制について聞かれて何も答えられなかった。日本を知ることにつながると思った」と受講の動機を話す。

天皇陛下の活動（写真は政府の書類に署名されているところ、宮内庁提供）

国事行為（憲法に明記）	首相と最高裁長官の任命 憲法改正や法律、条約の公布 国会の召集 衆議院の解散、総選挙の公示 栄典の授与 批准書や外交文書の認証 外国の大使や公使の接受など
公的行為（憲法に記載なし）	被災地見舞いや戦没者慰霊 離島も含めた全国各地への訪問 国会開会式での「おことば」 新年一般参賀、国体や植樹祭出席 外国訪問や外国賓客の接遇など
その他	宮中祭祀（さいし） 長年続ける魚類研究 コンサートや美術展の鑑賞など

きっかけは違和感

近現代の日本史に関心を持っていた瀬畑さんが平成の天皇制を研究テーマにしたきっかけは、大学生だった99年、天皇即位10年を祝う式典を見に行った時に抱いた違和感だ。皇居前広場に約2万5千人が集まったが周囲は若者ばかり。壇上のロックスターに歓声を上げる姿は、祝意や敬意とはかけ離れていた。

帰宅後に見たテレビでは、式典を天皇、皇后両陛下が群衆に手を振って応える紋切り型の皇室ニュースとして報じていた。「自分の目で見たものと映像のギャップがすごかった。今の天皇って一体どういう存在なのだろう」。18年たった今もその思いを持ち続ける。

大学院へ進学後は、象徴天皇がどのように形作られてきたかをひもとこうと、宮内庁に陛下の皇太子時代の養育に関する資料や昭和天皇の巡幸記録などの情報公開請求を重ねた。目当ての文書を得るまでに4、5年かかったこともある。

こうした経験が利用する側から見た情報公開制度の問題点や望ましい在り方についての提言につながり、今では公文書管理の専門家としても活動の幅を広げる。

ビデオメッセージ、背景に危機感か

2016年8月8日午後3時。瀬畑さんは研究室のテレビで陛下のビデオメッセージを見た。

陛下は「日本国憲法下で象徴と位置づけられた天皇の望ましい在り方を、日々模索し（てきた）」と述べ「身体の衰えを考慮する時、これまでのように、全身全霊をもって象徴の務めを果たしていくことが、難しくなるのではないか」と退位への思いをにじませた。

天皇を代行する摂政を置いても「務めを果たせぬまま（天皇であり続ける）」と述べた。瀬畑さんは「政治的。踏み込んだな」と思ったという。

皇后さまとともに被災者への見舞いや戦没者の慰霊など、国内外の訪問を重ねた陛下。メッセージでは、象徴の務めとして「人々の傍らに立ち、その声に耳を傾け、思いに寄り添う（こと）」や「各地、とりわけ遠隔の地や島々への旅」などを続けてきたと明かした。

瀬畑さんは「『自分の象徴観や歩みを理解してほしい』という強い思い

皇居・二重橋を訪れた瀬畑源さん。
「皇室の次の課題は女性・女系天皇を含む後継者の問題。
公務負担の在り方も問われる。
タブー視せず、国民全体で議論すべきだ」と話す
＝2017年11月26日（撮影・萩原達也）

を感じた」と11分のビデオを振り返り、陛下が自ら積極的に動くスタイルに行き着いた背景には、さまざまな危機感があったと分析する。

11歳で終戦を迎え、栃木・日光の疎開先から東京へ戻った時には、一面の焼け野原に言葉を失った。一時、天皇制廃止の議論もあった。また、ネパールやイラン、エチオピアなど、交流のあった王政が崩壊した。

「国民の支持を得て皇位を継承していくには『役に立つ』『目に見える』

を追求せざるを得なかったのではないか。例えば被災地への見舞いが、結果的に政府への不満を和らげることにつながるなど、天皇の行為は政治性を常にはらむ。国民主権とぶつかる可能性もある。活動の是非や範囲を冷静に議論すべきだ」

「あるべき姿、陛下は自問自答」

元宮内庁長官の羽毛田信吾さん（１９４２年生まれ）は「陛下は生身の人間でありながら象徴。あるべき姿を常に自問自答されてきた」と話す。東日本大震災の直後から、７週連続で被災者の元を訪れた光景が忘れられないという。

両陛下は避難所で二手に分かれ、家族や家、暮らしを失った一人一人に声を掛けて回った。張り詰めた空気が次第に和らぎ、去り際に拍手が起こった避難所もある。「お二人の活動は象徴天皇の基本的な枠組みとして引き継がれていくはず」と羽毛田さんはみている。

２０１７年12月１日。皇室会議で陛下の退位が19年４月30日と事実上決まった。約２００年ぶり、憲政下の天皇制で初の退位まであと１年５カ月。「大きな転換点。政府は代替わりに関わる議論の詳細や資料をオープンにすべきだ」と瀬畑

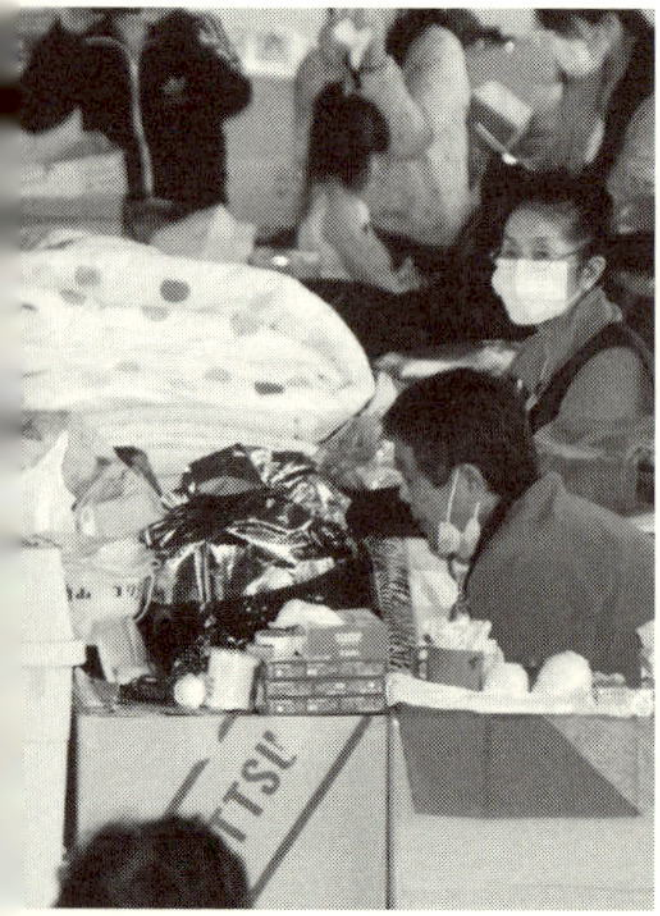

集団避難した福島県双葉町の住民たちが生活する避難所で「眠れますか」「お疲れではないですか」などと言葉を掛ける天皇、皇后両陛下
＝2011年４月８日、埼玉県加須市

さん。

とはいえ、多くの人にとって天皇制は生活に直結せず、身近に感じる機会は少ない。瀬畑さんは授業で必ず「天皇の地位は国民の総意に基づく」とする憲法1条を紹介する。「実感がなくても、いやが応でも、一人一人が天皇をかついでいるということ。まず知って、考えることから始めませんか」

（山口恵）

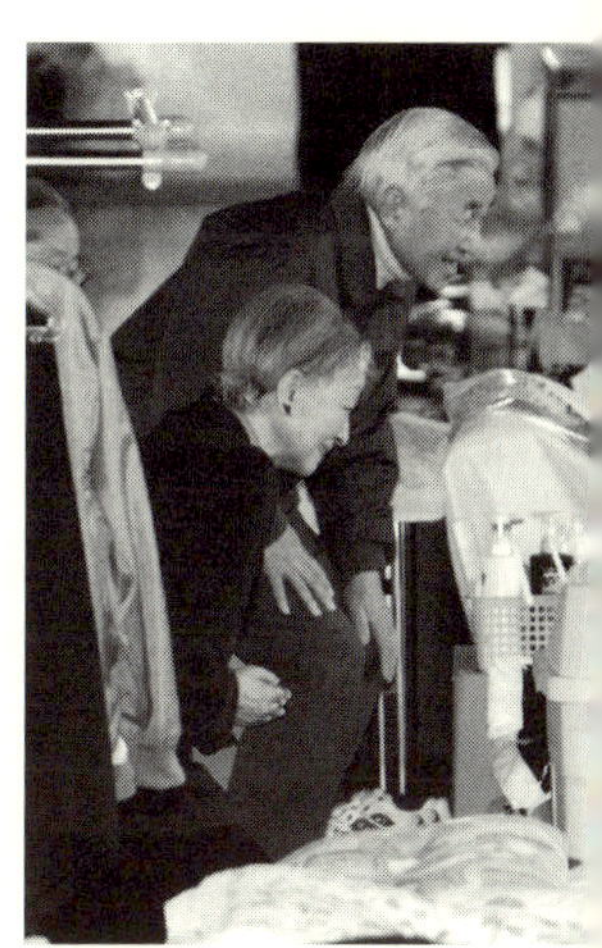

History

プラカード事件の不敬罪、大赦令で免訴

1907（明治40）年制定の刑法には、皇室などに敬意を払わない行為をした人を罰する不敬罪があり、敗戦翌年の46年5月19日、約25万人が食べ物を求めて皇居前広場に集まった食糧メーデーで「朕（天皇）はタラフク　食ってるぞ　ナンジ人民　飢えて死ね」などと書いたプラカードを掲げた男性が逮捕され、この罪で起訴された。

一審は敗戦で天皇の地位は変革したとして不敬罪を適用せず、名誉毀損で有罪とした。一審判決翌日の47年5月3日、象徴天皇制を定めた現憲法の施行と同時に出された「大赦令」で、不敬罪などに問われた人は赦免され、その後の刑法改正で不敬罪は削除された。

最高裁は48年5月、大赦令によって公訴権が消滅したので、審理も被告が無罪を主張することも許されないとして手続きを打ち切る「免訴」の判決を男性に言い渡した。

約25万人が食糧難を訴え、皇居前広場に集まった「食糧メーデー」＝1946年5月19日

42.

想像力を働かせよう
憲法の〝伝道師〟
伊藤真さん

２０１７年10月22日に投開票された衆院選の小選挙区は、当日有権者が23万８７７１人と最も少ない鳥取１区を１人１票とすると、最多の47万２４２３人の東京13区は１人０・51票だった。「１票の格差」は１・98倍に上る。

弁護士で司法試験などの受験指導校「伊藤塾」塾長、伊藤真さん（１９５８年生まれ）は翌23日、知的財産権の訴訟で著名な弁護士、升永英俊さん（１９４２年生まれ）らとともに、この格差は憲法が要求する「投票価値の平等」に反するとして、２８９の小選挙区全ての選挙無効を求め、14の高裁・高裁支部に提訴した。

最高裁が違憲と判断した規定 ※二つ以上に違反の場合は主たる条文。（　）内は判断年月

14条　法の下の平等
- 尊属殺人に重罰を科す刑法（1973年４月）
- 「１票の格差」最大4.99倍の72年衆院選当時の公選法（76･4）
- 「１票の格差」最大4.40倍の83年衆院選当時の公選法（85･7）
- 生後認知された子の国籍取得を差別する国籍法（2008･6）
- 非嫡出子の相続分を差別する民法（13･9）
- 女性の再婚を離婚後６カ月認めない民法（15･12）

15条　選挙権
- 在外邦人の選挙権を一部認めない公選法（05･9）

17条　国家賠償請求権
- 書留郵便などの賠償範囲を制限した郵便法（02･9）

22条　職業選択の自由
- 薬局開設に地域的制限を定めた旧薬事法（1975･4）

29条　財産権
- 共有林の分割を制限した森林法（87･4）

国家権力の正統性、人口比例選挙でこそ

訴状では、投票価値の平等は憲法前文の「日本国民は、正当に選挙された国会における代表者を通じて行動」などから導かれると主張している。

東京高裁で初の口頭弁論があった2017年12月5日。伊藤さんらは小選挙区名と「清き0・××票はオカシイ!」と書いたプラカードをそれぞれ掲げて裁判所へ向かった。

伊藤さんは弁論で、最高裁がそれぞれ最大格差2・30倍、2・43倍、2・13倍の2009年、12年、14年の衆院選を3回連続で「違憲状態」と指摘したことを踏まえ、次の点を強調した。

「人口比例選挙の実現は、国家権力の正統性に関わる問題だ。秘密保護法、平和安全法制、共謀罪法と、国柄を変えてしまうような法律が、違憲状態と指摘された選挙によって選出された国会議員によって次々に制定された。憲法改正を発議することにでもなれば、その正統性が法律制定のとき以上に問われる」

伊藤さんは全国で年間100回を超える憲法の講演をしていることなどから「憲法の伝道師」と呼ばれる。「憲法は少数派や弱い立場の人のためにこそある。多数派はこれまで差別や格差、理不尽な目に遭わなかったかもしれないが、将来

は分からない。人ごとではない、お互いさまという想像力と共感力が必要だ」

理不尽の中でも、投票価値の不平等は有権者の意思が議会に正しく反映されず、民主主義の基本を揺るがす。伊藤さんは「議員歳費を効率化する一方、定数を増やして平等に近づけるのも一案」と考えている。

かみしめた立憲主義の重要さ

伊藤さんが憲法と出会ったのは、東大法学部に入学してから。ただ教育者だった父の仕事で、中学生のころ、2年ほどドイツで暮らし、人はみんな違っていい、国籍や民族、肌の色は関係ない、善い人もいれば、悪い人もいると感じた。

大学で憲法を学び、多様性が大切と理屈で

口頭弁論へ向かう伊藤真さん（手前右）。
「被告（各都県選管）は
『2倍未満なら違憲状態を解消』と言うが、
違憲状態の根拠は数値ではなく、
人口比例でないこと」
＝2017年12月5日、東京高裁
（撮影・萩原達也）

説明できるようになり、各国憲法との比較で日本国憲法の価値を再確認。個人を守るため、憲法が国家権力を制限する立憲主義の重要さをかみしめた。

憲法の価値を実現するため、弁護士になったのは１９８４年。依頼者には、積極的に憲法の話をした。刑事事件の被告に「罪を償ってやり直せ。個人は尊重される。自分の中に誇りを持とう」と助言したこともある。

大手の受験指導校で教え始めると「依頼者に憲法の価値を話しても年に50人、20年で千人。それよりも、千人に憲法の価値を話す教え子を1人でも増やした方が伝わる」と考えるようになった。弁護士業務は次第に減らし、95年に現在の伊

藤塾を設立、独立した。

教え子には、その後法曹（裁判官、検事、弁護士）として憲法訴訟に関わる人や憲法の価値を広めている人がいる。法曹以外の道に進んだ人の中にも、職場のダイバーシティ（多様性）を進めるなど「個人の尊重」を実践する人がいる。

憲法にない、自然と共生の視点

２０１１年３月の東日本大震災。人間は自然の一部であり、自然の中で生かされていることを伊藤さんは思い知らされたという。同年10月、青森県六戸町に「農学館」を設立、トマトやニンニクなどの栽培を始める。

17年９月５日、農学館のビニールハウスでは、職業体験学習で訪れた地元の中学生たちがトマトを収穫した。生徒の一人は「(トマトの)ヘタ取りなどの作業を通して、農業のつらさや大変さを学ぶことができた」と感想を寄せた。

翌10月には、伊藤さんと伊藤塾に今年入った社員たちが農学館の田んぼで稲刈りをした。春に植えた苗が実っていた。

「憲法は極めて人間中心で『自然との共生』という視点がない。『他者との共生』にもつながるのに」と伊藤さん。

憲法ルネサンスの連載は「身近なところに憲法があることを再発見する良いきっかけになった。理不尽と闘う人の話を読み、勇気をもらった人もいるだろう」とみる。

憲法12条は、国民に保障する自由と権利は「不断の努力」で保持しなければならないと定める。伊藤さんは「私たちは憲法が描く理想に向かい、一歩一歩、努力を続けていかなければならない」と言葉に力を込めた。

（竹田昌弘）

History

最高裁が違憲判断、70年で10件

個人を守るため、憲法で国家権力を制限する立憲主義を担保するものとして裁判所による違憲審査がある。個人の自由や権利を侵害する法律が制定されても違憲、無効にしてしまえるからだ。

最高裁は1947年5月3日、日本国憲法の施行と同時に発足し、70年間に法律の規定を違憲と判断したのは10件。73年に親など尊属の殺人罪に通常の殺人罪より重罰を科す刑法の規定は憲法14条の「法の下の平等」に反すると判断したのが最初だった。76年と85年には、衆院選の「1票の格差」を違憲と断じた。

伊藤真さんは「内閣法制局の事前審査が機能していたこともあり、違憲判断は少ない。14条関係が多いのは、時代の変化をくみ取っての判断だと思う。平和主義、立憲主義など憲法秩序の維持にも役割を果たすべきで、政治部門に対して、存在意義を発揮してほしい」と話している。

annex

立憲主義「国家権力、檻の中に」
大阪、神奈川で憲法カフェ

築90年の印刷工場を改装したというカフェバーが大阪市北区にある。2016年11月20日午前と午後、そこで憲法カフェが開かれた。

冒頭、憲法カフェの説明。12年12月に第2次安倍政権が誕生した。同年に公表された自民党の改憲草案のように憲法が変えられたら、大変なことになると、キャリア15年以内の弁護士たちが13年1月、「明日の自由を守る若手弁護士の会（あすわか）」を結成した。そして、憲法を知る「知憲」のための憲法カフェを始めた。

この日は「子どもの未来を考えるママの会@なにわ」と「あすわか大阪」の共催で、2回計約40人が参加した。その8割以上が30代より上の世代の女性だった。

神奈川県三浦市の憲法カフェで示された図の一つ

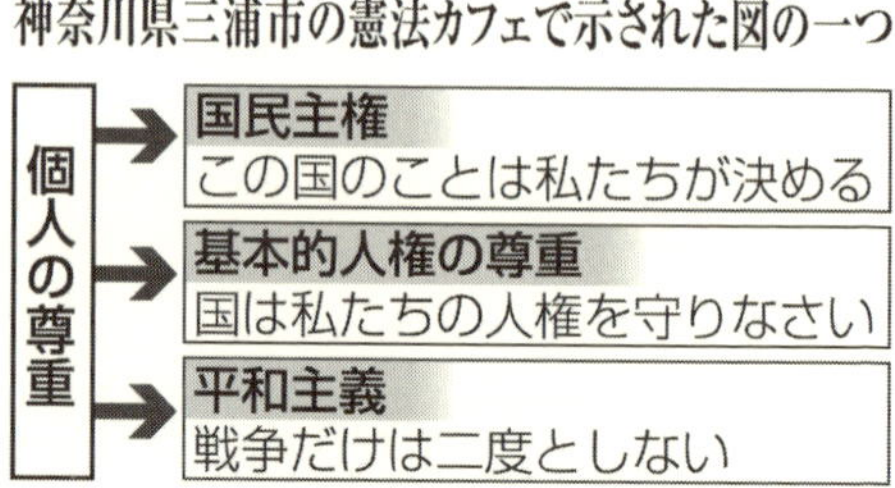
個人の尊重
国民主権
この国のことは私たちが決める
基本的人権の尊重
国は私たちの人権を守りなさい
平和主義
戦争だけは二度としない

特定秘密法で檻にカーテン、

ぶちこわした安保法

「憲法を守らなければならないのは誰でしょうか」。講師のあすわか会員、椋（はんどう）大樹さん（１９７５年生まれ）＝広島弁護士会＝は最初にこう問い掛けた。

答えは「国家権力」。椋さんは①誰でも生まれながらにして、人間らしく生きる権利（人権）がある、②一人一人異なる個性を持った人々が幸せに暮らすためには、ルール（法律）や公共サービスが必要なので、国家がある、③でも権力の乱用が怖い―と順に説いていく。

「だから国家権力がしてはならないこと、してもいいこと、しなければならないことを決めておく。それが憲法」

そして国家権力をライオンに例え「ライオンが暴れて人を襲わないように、憲法という檻（おり）の中に入れていると考えてほしい」と続ける。椋さんは右手にライオンのぬいぐるみ、左手には、檻に見立てた水切りラックを持ち、ラックをぬいぐるみにかぶせて見せた。

檻の中にライオンを入れておくことが立憲主義。国民主権だから、檻を作るのは私たち。三権分立はセキュリティーシステムで、国会ライオンや政府ライオンが檻を壊して逃げ出したら、司法ライオンが捕まえることになっている―。ラックとぬいぐるみに加え、プレゼンテーションソフトも使って憲法の仕組みを伝える楾さん。スクリーンには「国民」「憲法」「国家権力」の関係図も映し出された。

応用編に入る。「安倍（晋三）首相は檻を広げたり、壊したりしやすいように、軟らかいものにしようとした。改憲の発議要件を緩和しようとしたから。特定秘密保護法はさしずめ中が見えないよう、檻にカーテンをしたようなもの。檻の内側に鍵を付け、ライオンが開けられるようにするのが緊急事態条項」

最後に楾さんは「ライオンが勝手に檻をぶち壊したのが安全保障関連法。檻のことをライオンに任せると大変なことになる」と語気を強めた。

会場からは「危機感を持っている。多くの人に憲法のことを伝えるにはどうすればいいか」「自民党の改憲草案は（檻がない）サファリパークか」「草案で『個人の尊重』が『人の尊重』となっているのはなぜか」といった質問が出た。

「憲法カフェ」で
ライオンのぬいぐるみを手に話す
楾（はんどう）大樹さん
＝2016年11月20日、
大阪市北区（撮影・泊宗之）

椋さんは「きょうのように憲法の話を地道にしていくしかない」「サファリパークはいい例え」「個人のために国があるのではなく、国のために国民がいると考えているのだろう」と答えた。

万能ではない多数決、
個人守る憲法

神奈川県三浦市で２０１６年10月30日にあった憲法カフェは、主催団体「ママの会@三浦」メンバーの自宅広間が会場。集まったのは子どもを連れた30代、40代の女性が中心で、子どもらも含めると30人近くに上った。

カフェに先立ち、海のすぐそばの会場から坂を上ったところにあるメンバー宅の畑へ。みんなで芋や二十日大根を掘り出し、子どもらは歓声を上げた。講師のあすわか会員、太田啓子さん（１９７６年生まれ）＝神奈川県弁護士会＝も自らの子どもと一緒に、芋掘りに加わった。

さてカフェ本番。太田さんは広間の一角に張られた模造紙に「立憲主義」「集団的自衛権」「緊急事態条項」と書き「きょうはこの三つがキーワード」と語り掛ける。

立憲主義は「憲法で国家権力の乱用、暴走に歯止めをかけ、個人の権利や自由を守るという考え方」と解説。国会で成立した法律や政府の処分が憲法違反の場合、それらを無効とする違憲立法審査権が裁判所にあり「多数決は万能ではない。個人や少数者は憲法で守られる」と述べた。

太田さんの解説は図を使い、さらに踏み込んでいく。13条の「個人の尊重」は憲法最大の価値なので、国民主権、基本的人権の尊重、平和主義の三つの理念も本をただせば、個人の尊重から導かれているという。

次いで「安倍首相は立憲主義を『王権が絶対的権力を握っていた時代の主流的考え』と国会で答弁したが、現代は権力乱用の心配はないのか」と問い、集団的自衛権の行使を容認する閣議決定や安保関連法に言及する。

従来の政府見解では、憲法9条で許される自衛権の行使は、①日本に対する差し迫った侵害がある、②他に手段がない、③必要最小限度の実力行使―とされてきた。「集団的自衛権の行使は①の要件を欠き、憲法を変えなければ不可能なのに、安倍政権は閣

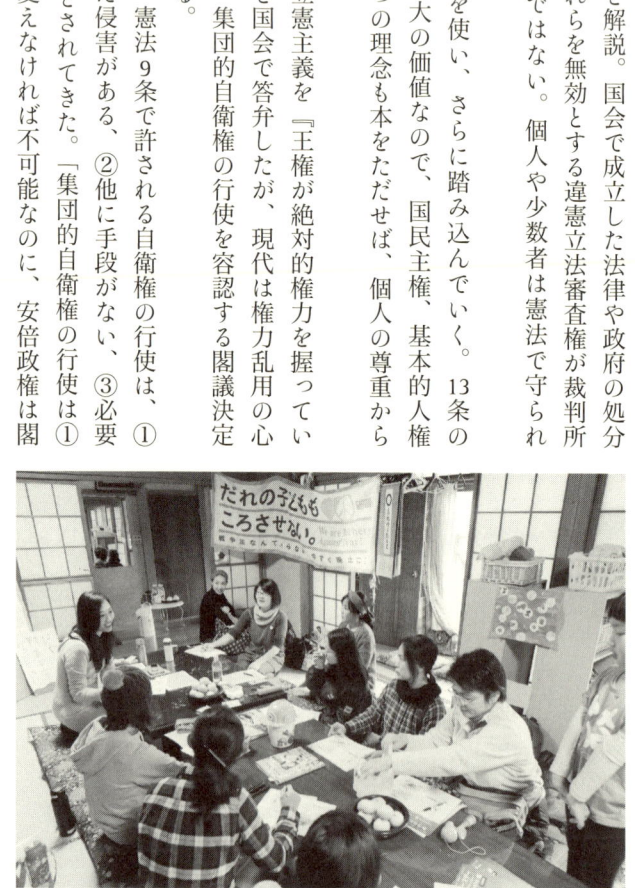

議決定で可能にした。権力の乱用に他ならない」と太田さん。

緊急事態条項についても「改憲草案では、政府による緊急事態宣言で憲法の秩序が停止し、誰もが国の指示に従わなければならない。悪用され、独裁に道を開く」として必要性に首をかしげた。

太田さんが話している間、子どもらはフィギュアや鉄道玩具「プラレール」、段ボールで作った家などで遊び、傍らには「見守り隊」としてボランティアの女性がいた。

太田さんの話が終わると、参加者が意見や感想を述べ合う時間に。

「フェイスブックで見つけて来た。身内に自衛官がいるので、憲法などは気になっていた」

「夫はいい顔をしなかったが、知り合いと一緒に参加した。知らないことばかりだった」

「安倍首相や自民党は『個人の尊厳』が邪魔だから、改憲しようとしているのではないか」

「宗教と政治がタブーになっている。格差もあり、息苦しい」

「国は一人一人が幸せになるためにある。人と違うといじめられるのを何とかしてほしい」

それぞれに気掛かりや不安があるようだ。

神奈川県三浦市で開かれた「憲法カフェ」で講師を務める
太田啓子さん（左端）
＝2016年10月30日（撮影・藤井保政）

本書収録の「憲法ルネサンス」を担当した共同通信社の記者・編集委員、カメラマンの所属（取材当時）は次の通りです。所属内の氏名は本書登場順としました。

【本社】
編集委員室　竹田昌弘、由藤庸二郎、堀誠、牧野俊樹、藤井保政、萩原達也、石井勇人、諏訪雄三、
　太田昌克、立花珠樹、中川克史
社会部　長沢潤一郎、徳永太郎、中村岳史、斉藤友彦、角南圭祐、山口恵
生活報道部　土井裕美子
文化部　金子直史

【支社】
札幌編集部　若林久展
同写真映像部　武居雅紀
仙台写真映像部　平田潤
大阪写真映像部　泊宗之、仙石高記、荒木甫浩、小沢亮介
福岡写真映像部　中島悠、後藤貞行、遠藤望、上松亮介

【支局】
横浜　石嶋大裕
長野　三浦ともみ
京都　井田公雄
広島　西詰真吾、立田成美
高知　池田絵美
佐賀　内堀康一、榎本ライ
熊本　岡本拓也、河添結日
宮崎　徳永早紀
ソウル　粟倉義勝
マニラ　村山幸親

憲法ルネサンス――個性、生きざまから再発見

２０１８年11月30日　第１刷発行

編者……共同通信社編集委員室
発行人……深田　卓
装釘……宗利淳一
発行……インパクト出版会
１１３－００３３　東京都文京区本郷２－５－11服部ビル２F
電話　０３－３８１８－７５７６　ファックス　０３－３８１８－８６７６
E-mail:impact@jca.apc.org
http://impact-shuppankai.com/
郵便振替　００１１０－９－８３１４８
印刷……モリモト印刷株式会社